THEMENBÄNDE RELIGION

Jesu Traum von einer besseren Welt
Klasse 3/4

Petra Mallmann

Cornelsen

Die Autorin
Petra Mallmann ist Grundschullehrerin und Fachleiterin für die Fächer Religion und Ethik am Studienseminar in Simmern. Die Autorin hat an der Erstellung und Implementierung der Rahmenpläne katholische Religion und Ethik für das Land Rheinland-Pfalz mitgewirkt.

Die Herausgeberin der Reihe
Barbara Brüning ist Professorin an der Universität Hamburg mit den Schwerpunkten Didaktik des Ethik- und Philosophieunterrichts sowie Philosophieren. Die Autorin hat zahlreiche Sach- und Lehrbücher im Bereich ethische Erziehung veröffentlicht.

Projektleitung: Gabriele Teubner-Nicolai, Berlin
Redaktion: Doreen Wilke, Berlin
Umschlaggestaltung: Ungermeyer, Berlin
Technische Umsetzung: krauß-verlagsservice, Ederheim/Hürnheim
Illustrationen: Dorina Tessmann, Berlin

www.cornelsen.de

1. Auflage 2017

Druck: H. Heenemann, Berlin

ISBN 978-3-589-15521-7

PEFC zertifiziert
Dieses Produkt stammt aus nachhaltig bewirtschafteten Wäldern und kontrollierten Quellen.

www.pefc.de

Inhalt

Das besondere Kinderbuch: „‚Was ist ein Traum?', fragte Jonas" von Hubert Schirneck und Sylvia Graupner

Spiele zum Träumen

Phantasiereisen und Stilleübungen

Anhang

Vorwort

Liebe Lehrerinnen und Lehrer,

der Traum von einer besseren Welt ist ein Menschheitstraum, den es zu allen Zeiten und in allen Kulturen gab und gibt. Jesus träumte und lebte ihn vor mehr als zwei Jahrtausenden, aber auch Menschen der jüngeren Vergangenheit wie Mahatma Ghandi oder Mutter Teresa haben versucht, die Welt besser und gerechter zu machen. Ausdruck fand dieser Traum auch in der Kunst und in der Musik, etwa in John Lennons „Imagine" oder in Texten und Reden wie der berühmten von Martin Luther King „I have a dream". Das Alte Testament spricht vom Paradies und erzählt in dem Zusammenhang von einem Garten. Er ist ein von Gott geschaffener Schutzraum und in ihm ist alles gut. Das Böse, Schlechte, Schmerzliche kommt erst durch die Menschen selbst in die Welt – so jedenfalls deutet der biblische Erzähler Menschheitsfragen, wie etwa die nach dem Leid und wie es in die Welt kam.

Unser Themenheft beschäftigt sich mit diesem Traum und nimmt dabei vor allem die Person Jesus und seine Vision von einer besseren Welt in den Blick. Es setzt andere Schwerpunkte als das Themenheft für die Klassen 1 und 2, enthält aber ebenso ein vielfältiges Angebot an Ideen und Möglichkeiten, Jesu Reich-Gottes-Idee auch für heutige Kinder verständlich und für ihr Leben bedeutsam werden zu lassen.

Das erste Kapitel umfasst Sachtexte, die verschiedene Vorstellungen von einer gerechten Welt thematisieren. Die Kinder lernen Menschen kennen, die als Vorbilder fungieren können, sie sollen aber auch eigene Vorstellungen entwickeln und Stellung beziehen zu den exemplarisch dargestellten Personen.

Im zweiten Kapitel steht die Person Jesus im Mittelpunkt. Seine Idee von einer gerechten Welt, wie er sie verkündigte und lebte, soll anhand beispielhafter biblischer Geschichten deutlich und auf die Lebenswelt der Kinder übertragen werden.

Im dritten Kapitel geht es um das Bilderbuch „‚Was ist ein Traum?', fragte Jonas" von Hubert Schirneck und Sylvia Graupner. In Anlehnung an das Thema des Heftes werden Vorschläge der unterrichtlichen Umsetzung zu diesem Bilderbuch gemacht.

Im vierten Kapitel folgen Spiele zur Thematik und im letzten Kapitel werden Phantasie- bzw. Traumreisen und Stilleübungen vorgestellt.

Im Anhang finden sich Literaturhinweise, die ich Ihnen ans Herz legen möchten, da sie den unten genannten Grundsätzen eines modernen Religionsunterrichts folgen.

Eine Besonderheit ist die Rubrik „Was ich schon kann". Sie soll bestimmte inhaltliche Fragestellungen vertiefen und darüber hinaus die methodische Kompetenz der Kinder fördern. Der Hinweis „Zum Weiterdenken" verweist auf einen etwas höheren Schwierigkeitsgrad der Aufgabenstellung und kann als Form der Differenzierung genutzt werden.

Zu jedem der ersten drei Kapitel findet sich ein Erwartungshorizont für Lehrerinnen und Lehrer, der die Inhalte darstellt und zu erwartende Kompetenzen beschreibt.

In den Rahmenplänen aller Bundesländer sind grundlegende fachdidaktische Prinzipien wie die der Elementarisierung und Korrelation verankert. Bei letzterem geht es im Wesentlichen darum, das Kind mit seinen Einstellungen, Erfahrungen und entwicklungspsychologischen Voraussetzungen ebenso in den Blick zu nehmen wie die biblischen Erfahrungen und Glaubensüberlieferungen. Beides soll miteinander in Beziehung gebracht werden, sodass es zu einer wechselseitigen Wirkung kommt. Für den Unterrichtsprozess und die damit verbundenen methodisch-didaktischen Entscheidungen bedeutet dies konkret:

a) Die Auswahl der Inhalte sollte entsprechend den Voraussetzungen der Kinder genau bedacht werden. Manche biblischen Texte eignen sich nicht für die Grundschule, andere setzen ein vertieftes Symbolverständnis voraus und eignen sich von daher vor allem für das dritte oder vierte Schuljahr. Das vorliegende Heft wählt gezielt und exemplarisch solche Inhalte und biblischen Geschichten aus, die einerseits altersgemäß in die Lebenswelt der Kinder zu transferieren sind und anderseits auch in der Glaubenspraxis eine zentrale Rolle spielen. Anhand dieser Beispiele lernen die Kinder die Idee Jesu vom Reich Gottes kennen und verknüpfen sie mit ihrem Alltag.

b) Beide genannten Prinzipien erfordern eine Unterrichtskultur, die eine Verknüpfung der Lebenswelt der Kinder mit den Glaubensüberlieferungen intendiert, ohne dabei zu moralisieren oder zu indoktrinieren. Zu jedem Zeitpunkt muss das Kind die Möglichkeit haben, nicht an Gott glauben zu dürfen oder zumindest seine kritische Haltung zum Ausdruck zu bringen. Religionsunterricht muss diese Möglichkeit in Planung und Durchführung mitbedenken. Das vorliegende Heft geht diesen Weg vom Kind aus, gibt Denkanstöße, hinterfragt und fordert stets zum eigenen Reflektieren und Urteilen heraus. Glaube wird als ein Angebot verstanden und nicht einfach vorausgesetzt. Sachaussagen und Glaubensaussagen werden klar voneinander getrennt, die Inhalte des Religionsunterrichts werden didaktisch so reduziert, dass sie kindgemäß sind, aber auch fachlichen Anforderungen entsprechen und zu keinem späteren Zeitpunkt zurückgenommen werden müssen. Das erfordert Behutsamkeit und Ehrlichkeit, insbesondere im Umgang mit der Fiktionalität biblischer Texte.

In engem Zusammenhang damit steht die Forderung nach einem Religionsunterricht, der am Kind orientiert ist, der die Fragen der Kinder ernst nimmt und aufgreift, der problemorientiert, fragend-entwickelnd ausgerichtet ist. Religiöses Lernen vollzieht sich nicht im Nachvollziehen vorgefertigter Glaubensinhalte, sondern im Fragen und Suchen nach Antworten. Die Lehrkraft versteht sich in einem solchen Prozess nicht als jemand, der die Antworten auf die großen Fragen kennt, sondern sie macht sich gemeinsam mit den Schülerinnen und Schülern auf den Weg und zeigt Antworten aus dem christlichen Glauben auf. Hierzu möchte das vorliegende Heft ermutigen und Anregungen bieten.

Koblenz, im Juni 2017

Petra Mallmann

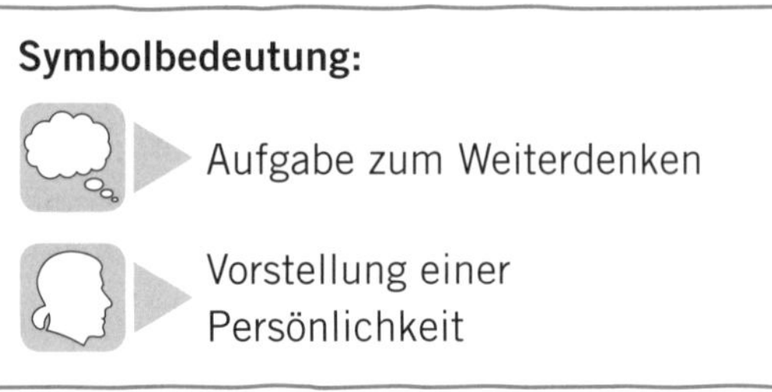

Name: ______________________ Datum: __________

Was ist Religion?

„Religion ist das, was uns unbedingt angeht“, sagt der Theologe Paul Tillich. Er meint damit, dass Religion nicht nur dann stattfindet, wenn du in die Kirche gehst oder am Religionsunterricht teilnimmst. Der Begriff „Religion“ beinhaltet nach seiner Auffassung auch besondere Momente deines Lebens, wenn du intensiv fühlst, denkst, dich mit anderen freust oder auch traurig bist. Überall da, wo Rücksichtnahme, Freundlichkeit, Mitgefühl, Hilfe, Fürsorge erfahrbar werden, aber auch Unzulänglichkeiten, Zorn, Neid oder Hass, ist Religion.
Die biblischen Geschichten machen all das zum Thema und haben deshalb – obwohl sie schon sehr alt sind – viel mit unserem heutigen Leben zu tun. Allerdings erscheinen sie in ihrer Sprache häufig fremd und unverständlich. Deshalb ist es wichtig, diese Geschichten in unsere Sprache gewissermaßen zu übersetzen. Am Beispiel der Person Jesus und der Geschichten über ihn soll das auf den folgenden Seiten geschehen. Dabei sollst du ihn und seine Ideen besser kennen- und verstehen lernen und darüber nachdenken, was sie für dich und dein Leben bedeuten können.

1. Was bedeutet Religion für dich? Schreibe in die leere Sprechblase.

> *Religion ist das, was uns unbedingt angeht.*
> (Paul Tillich)

Autorin: Petra Mallmann – Jesu Traum von einer besseren Welt 3/4 · Illustratorin: Dorina Tessmann

Name: ______________________ Datum: __________

Träumen von einer besseren Welt

Jonas und Torben spielen am Computer. Nach einer Weile kommt die Mutter ins Zimmer und meint: „Jetzt ist Schluss! Ihr sitzt schon lange genug vor dem Kasten, irgendwann bekommt ihr noch viereckige Augen.“ Die beiden Jungen beenden widerwillig ihr Spiel. Dann meint Jonas: „Manchmal wünschte ich, ich wäre in einem Land ohne Verbote.“ „Oh ja, das wäre cool“, meint auch Torben. „Alles wäre erlaubt und nichts verboten – das reinste Paradies!“ „Es gäbe Gummibärchen ohne Ende, man dürfte abends so lange aufbleiben, wie man wollte, und den ganzen Tag Nintendo spielen“, jubelt Jonas. „Genau, es gäbe keine Schule, keine Hausaufgaben und keine Noten, einfach wunderbar“, fährt Torben fort. An dieser Stelle hat Jonas allerdings Einwände: „Schule finde ich eigentlich ganz o. k. Dort treffe ich immer meine Freunde und über gute Noten freue ich mich eigentlich auch.“

1. Was könnten sich Jonas und Torben für ihr Paradies noch vorstellen? Schreibe es in die freien Sprechblasen.

Name: ______________________________ Datum: ____________

KV 3

Weiterdenken – Eine besondere Methode zum Philosophieren und Theologisieren: Gedankenexperiment

Bei einem Gedankenexperiment stellt man sich etwas vor, das es so in der Wirklichkeit nicht gibt.

1. Wie sähe dein Paradies aus? Male, wie du es dir vorstellst.

2. Vergleicht eure Vorstellungen miteinander. Wo gibt es Übereinstimmungen, wo Unterschiede? Was sind Wünsche, die das Zusammenleben betreffen (z. B. keinen Streit haben, miteinander teilen), welche sind es nicht (z. B. die von Jonas und Torben). Sortiert eure Ideen in der Tabelle:

Wünsche, die das Zusammenleben betreffen	**Sonstige Wünsche**

Der englische Philosoph Thomas Morus, der vor ungefähr 500 Jahren lebte, stellte sich in seinem Buch „Utopia“ einen gerechten Staat vor.

Fotolia/Georgios Kollidas

3. „Utopia“ kommt aus dem Griechischen und bedeutet „Nirgendwo“. Warum könnte Thomas Morus diesen Staat so genannt haben?

Autorin: Petra Mallmann – Jesu Traum von einer besseren Welt 3/4

KV 4

Name: ______________________ Datum: __________

Das Paradies

Grete ist mit ihren Eltern im Urlaub. Dieses Jahr sind sie in die Schweiz gefahren. Während einer Wanderung in den Bergen sagt die Mutter auf einmal: „Ist es hier nicht wie im Paradies? Diese Landschaft, die Berge, die Sonne und der blaue Himmel, die frische Luft … einfach himmlisch!“

In unserem Alltag verwenden wir häufig das Wort „Paradies“. Hotels, Cafés und Restaurants tragen diesen Namen. Wir sprechen von „paradiesischen Zuständen“ oder vom „verlorenen Paradies“. Und auch die Vorstellung von einem Leben nach dem Tod verbindet sich häufig mit dem Begriff „Paradies“.
Im Alten Testament, dem ersten Buch der Bibel, finden wir eine sehr alte Erzählung vom Paradies (Gen 2,4b–3,24). Die Rede ist von einem Garten, in dem die ersten Menschen Adam und Eva leben. Er steht symbolisch für die ganze Welt. Der Paradiesgarten ist aber nicht eine Art Selbstbedienungsladen, sondern er bedeutet auch Arbeit, er muss „bebaut und bewahrt“ werden (Vers 15). Gleichzeitig bietet er Nahrung im Überfluss, die die Menschen nutzen dürfen.
Diese Geschichte, die fast 3000 Jahre alt ist, beschreibt das Paradies als einen Garten. Der Garten gilt auch vielen Menschen heute als ihr kleines Paradies, in dem sie sich gerne aufhalten.
Vielleicht hast du zu Hause auch einen Garten oder ihr habt einen Schulgarten oder du kennst jemanden, der einen Garten hat.

1. Setze dich bewusst in einen Garten und versuche nachzuspüren, warum er in der biblischen Geschichte ein Symbol für das Paradies ist.
2. Male ein Bild von dem Garten in den Bilderrahmen.

Name: ______________________________ Datum: ____________

Königin Anna und König Hannes

Anna und Hannes denken sich gerne phantasievolle Spiele aus. Manchmal stellen sie sich vor, sie könnten mit einer Zeitmaschine in eine andere Zeit reisen, oder sie tun so, als könnten sie ans Ende des Universums fliegen. Besonders gerne stellen sie sich vor, sie seien König und Königin der Welt und könnten über alles bestimmen. Dann überlegen sie, was ihnen wichtig wäre und was sie in jedem Fall ändern würden:

1. Stell dir vor, du bist König oder Königin der Welt. Was wäre dir wichtig, was würdest du ändern? Male es in die freien Rahmen.
2. Du hast gute Gründe für deine Entscheidungen als König oder Königin. Die möchtest du allen Menschen in einem Brief erklären. Schreibe diesen Brief an die Menschheit. Beginne so:

Liebe Menschheit,
als euer König/eure Königin wende ich mich heute in einem Brief an euch, um die Entscheidungen, die ich getroffen habe, zu begründen und euch zu erklären.
Jch möchte, dass kein Mensch auf dieser Erde mehr hungern muss, denn ...

In der Bibel finden sich im Alten Testament Texte von Menschen, die schon vor mehr als 2500 Jahren auf Missstände in der Welt hinwiesen oder Schlimmes vorhersagten, wenn sich nichts ändern würde. Sie wollten mit ihren Ermahnungen die Welt ein bisschen besser machen. Diese Menschen nannte man Propheten. Schlage in einem Kinderlexikon oder im Internet das Wort „Prophet“ nach und erkundige dich nach dem Wirken dieser Menschen.

Autorin: Petra Mallmann – Jesu Traum von einer besseren Welt 3/4 · Illustratorin: Dorina Tessmann

KV 6

Name: ______________________ Datum: __________

Jesajas Traum von einer besseren Welt

Jesaja ist der bedeutendste Prophet des Alten Testaments. Er wird um 770 v. Chr. in Jerusalem geboren. Jesaja warnt immer wieder vor Gefahren, kritisiert die Mächtigen, die ihre Macht missbrauchen und mahnt zu Frieden und sozialer Gerechtigkeit (dazu gehört zum Beispiel die gerechte Verteilung von Lebensmitteln, Wohnraum und anderen Gütern, die für das Leben wichtig sind). Er kündigt das Kommen eines Messias an, was für die Christen mit Jesus in Erfüllung gegangen ist, während die Juden bis heute noch darauf warten. Jesaja entwirft folgende berühmt gewordene Friedensutopie (siehe KV 3).

6 Dann wird der Wolf beim Lamme zu Gast sein, der Leopard beim Böckchen
lagern. Kalb und Löwe weiden zusammen, ein kleiner Junge kann sie hüten.
7 Kuh und Bärin freunden sich an, ihre Jungen liegen beieinander. Der Löwe
frisst Häcksel wie das Rind.
8 Der Säugling spielt am Schlupfloch der Natter, das Kind patscht mit der
Hand in die Höhle der Schlange.
9 Man tut nichts Böses mehr, begeht kein Verbrechen auf meinem heiligen
Berg; denn die Erde wird voll sein der Erkenntnis Jahwes, wie von Wassern,
die das Meer bedecken. (Jes 11,6–9)

Aus: Die Bibel, erschlossen und kommentiert von Hubertus Halbfas. Düsseldorf 2001.

1. Schreibe Jesajas Traum weiter. Entwirf selbst Szenen aus der Natur, die so nicht vorkommen, aber zu Jesajas Friedensutopie passen würden.

Name: ______________________ Datum: ____________

Ein Friedensbild malen

Der Maler Walter Habdank (1930–2001) malte das Bild „Jesaja 11,6–9“ zu dem entsprechenden Bibeltext.

„In terra pax“, Farbholzschnitt von Walter Habdank, © Galerie Habdank

1. Suche das Bild in Farbe im Internet. Betrachte es und achte besonders auf die Farben und Formen.
2. Was wollte Walter Habdank wohl damit zum Ausdruck bringen? Überlege gemeinsam mit deinem Tischnachbarn.
3. Male selbst ein „Friedensbild“ und versuche deine Ideen in entsprechenden Farben und Formen zum Ausdruck zu bringen.

Autorin: Petra Mallmann – Jesu Traum von einer besseren Welt 3/4

Name: ______________________ Datum: __________

„Imagine" – Stell dir vor …

Der Musiker John Lennon veröffentlichte 1971 das Lied „Imagine" (Stell dir vor …), in dem er seine Vorstellungen von einer besseren Welt zum Ausdruck brachte.

Shutterstock/dimitris_k

1. Hör dir das Lied zunächst einmal an. Welche Stimmung kannst du heraushören. Ist es eher ein lustiges, stimmungsvolles oder ein ruhiges, nachdenkliches Lied?
2. Suche dir im Internet das Lied in deutscher Übersetzung. Gib z. B. „imagine+lennon+text+deutsch" ein. Drucke dir den Text aus.
3. Lies dir den Text durch. Unterstreiche mit Grün die Stellen, denen du zustimmen würdest und die du für besonders wichtig hältst. Unterstreiche mit Rot jene Stellen, die dir weniger wichtig erscheinen oder denen du vielleicht sogar widersprechen würdest. Begründe anschließend deine Meinung in einem Austausch mit deinem Partner.
4. Male in den Rahmen, wie du dir eine bessere Welt vorstellst.

Autorin: Petra Mallmann – Jesu Traum von einer besseren Welt 3/4

Name: ______________________ Datum: ____________

KV 9

Was ich schon kann: Ein Traum-Mobile bauen

Du brauchst: Pappe, Bindfäden und kleine Kärtchen aus Karton

So wird's gemacht: Schneide aus der Pappe eine Wolke aus. Schreibe darauf „Der Traum von einer besseren Welt". Schreibe auf die Kärtchen Begriffe, die eine ideale Welt beschreiben. Begriffe, die du besonders wichtig findest, hängst du nahe zur Wolke, weniger wichtige weiter unterhalb.

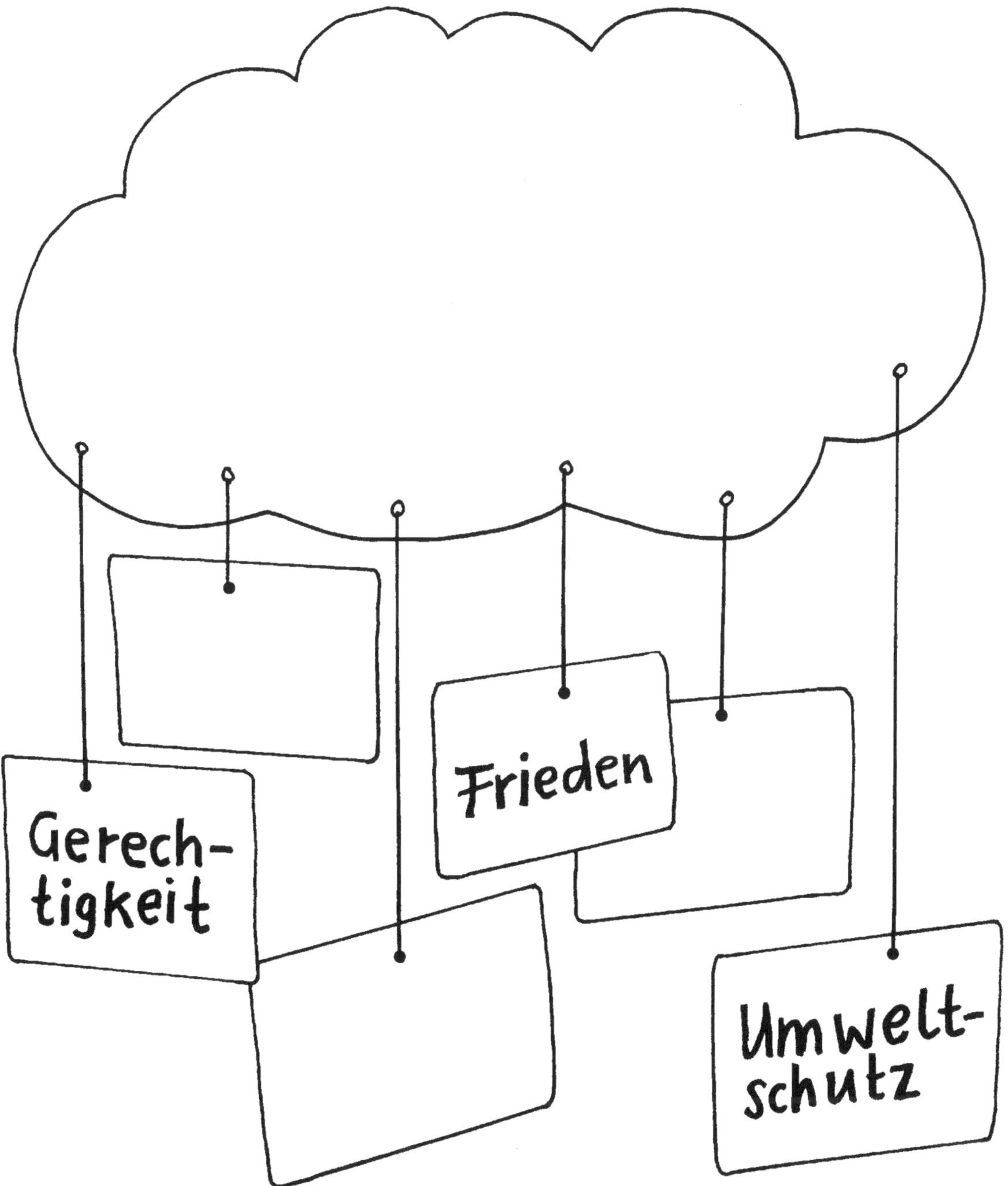

1. Vergleicht eure Mobiles. Habt ihr ähnliche Begriffe gefunden? Gibt es Unterschiede in der Anordnung?

Autorin: Petra Mallmann – Jesu Traum von einer besseren Welt 3/4 · Illustratorin: Dorina Tessmann

Name: ______________________ Datum: ____________

Handeln für eine bessere Welt

1. Schaut euch die folgenden Zeitungsausschnitte an. Sprecht in der Gruppe darüber, warum die Welt durch solche Menschen besser wird.

Malala Yousafzai – Ein 17-jähriges Mädchen mit viel Mut

Mit ihrem Einsatz für die Gleichberechtigung von Mädchen und Frauen wurde sie weltbekannt. Weil sie darum kämpfte, dass auch Mädchen in ihrem Land Pakistan zur Schule gehen dürfen, wurde sie von radikalen Menschen angeschossen. Sie überlebte schwerverletzt. Nun erhielt das Mädchen für seinen Einsatz den Friedensnobelpreis. Das ist eine Auszeichnung für Menschen, die sich in besonderem Maße für Frieden und Gerechtigkeit in der Welt einsetzen.

Alles begann mit einer Wette

Der Schauspieler Karl-Heinz Böhm wettete in einer Fernsehsendung, dass es nicht gelingen würde, alle Zuschauer dazu zu bringen, umgerechnet etwa 1 Euro für hungernde Menschen in Äthiopien, einem Land in Afrika, zu spenden. Karl-Heinz Böhm gewann seine Wette. Dennoch kam so viel Geld zusammen, dass er beschloss, fortan in Äthiopien zu leben und dort mit weiteren Spenden bedürftigen Menschen zu helfen.

2. Sucht in Zeitungen oder Zeitschriften nach Texten oder Bildern, in denen sich Menschen für eine bessere Welt einsetzen, und stellt selbst eine Zeitungs-Collage her.

Überlegt gemeinsam: Was könnte euer Beitrag zu einer besseren Welt sein?

Erwartungshorizont für Lehrerinnen und Lehrer

In diesem Kapitel geht es um verschiedene Vorstellungen von einer gerechten Welt. Bereits Kinder bringen hierzu Vorwissen, Vorerfahrungen und eigene Vorstellungen mit, die es aufzugreifen und zu thematisieren gilt. In diesem Zusammenhang steht auch der Begriff „Paradies“, der von verschiedenen Seiten beleuchtet werden soll: Zunächst bringen die Kinder eigene Paradiesvorstellungen zu Papier. Hierzu eignet sich die Methode des „Gedankenexperiments“, die als fachdidaktische Methode zum Philosophieren und Theologisieren neben der Kreativität auch die spekulative Kompetenz der Kinder fördert und erweitert (KV 3).

Anschließend werden mit KV 4 (Gen 2,4b–3,24), KV 5 (Propheten als Mahner und Weissager) sowie KV 6 und 7 (Jesajas Traum von einer besseren Welt) biblische Bezüge hergestellt und mit der Lebenswelt der Kinder verknüpft. Dadurch wird dem – im Vorwort erwähnten – fachdidaktischen Prinzip der Korrelation Rechnung getragen.

Der Musiker John Lennon brachte mit seinem Lied „Imagine“, das 1971 veröffentlicht wurde, Visionen zum Ausdruck, die auch heute noch nichts von ihrer Aktualität verloren haben. Die Musik ermöglicht den Kindern eine andere Form des Zugangs zur Thematik, und die Auseinandersetzung mit dem Liedtext (KV 8) erweitert ihre Reflexions- und Urteilsfähigkeit.

Alles Reden über eine bessere Welt bleibt leer, wenn es nicht mit entsprechendem Handeln verbunden ist. Insofern sollen mit KV 10 Menschen zur Sprache kommen, die durch ihr Handeln die Welt ein Stück weit besser gemacht haben. Dabei wird auch der Frage nachgegangen, welchen Beitrag Kinder – und konkret das einzelne Kind selbst – zur Erreichung dieses Zieles leisten können. Damit werden die Schülerinnen und Schüler in ihrer Handlungsfähigkeit gestärkt und ihre Partizipationskompetenz wird gefördert. Das gleiche Ziel verfolgen im zweiten Kapitel KV 11 bis 16, Anknüpfungspunkt hierfür stellt das biblische Gleichnis vom Senfkorn dar.

Name: ______________________________ Datum: ______________

Jesu Traum von einer besseren Welt

Jesus hatte den Traum von einer besseren Welt, und er lebte ihn ganz konsequent bis zu seinem Tod. In dieser Welt, wie er sie sich vorstellte, sollte kein Mensch hungern, niemand arm oder ausgestoßen sein, keiner hassen oder nachtragend sein. Alle sollten gut miteinander umgehen, einander Fehler verzeihen, Mitgefühl haben und miteinander teilen. Eine solche Welt nannte er Reich Gottes und er erzählte davon in Geschichten, den sogenannten Gleichnissen. Eines dieser Gleichnisse handelt von einem Senfkorn:

„Mit dem Himmelreich ist es wie mit einem Senfkorn, das ein Mann auf seinen Acker säte. Es ist das kleinste von allen Samenkörnern. Sobald es aber herangewachsen ist, ist es größer als die anderen Gewächse und wird zu einem Baum, so dass die Vögel des Himmels kommen und in seinen Zweigen wohnen." (Mt 13,31f.)

1. Pflanze ein Senfkorn in die Erde, stelle es ans Fenster und gieße es. Führe ein Pflanzentagebuch, in das du deine Beobachtungen schreibst.
2. Das Gleichnis erzählt davon, dass aus etwas ganz Kleinem etwas ganz Großes wird. Was könnte Jesus – bezogen auf seine Idee vom Reich Gottes – mit diesem Gleichnis gemeint haben? Überlege mit deinem Tischnachbarn.

Autorin: Petra Mallmann – Jesu Traum von einer besseren Welt 3/4 · Illustratorin: Dorina Tessmann

„Senfkörner“ zum Gelingen des Reiches Gottes: Martin Luther King

Shutterstock/Uncle Leo 491656027, Martin Luther King. Handdrawn vector portrait.

Lennart kommt aufgeregt von der Schule nach Hause. Im Unterricht hatten sie darüber gesprochen, dass in den USA bis vor etwa 150 Jahren Schwarze als Menschen zweiter Klasse, ja sogar als Eigentum von Weißen betrachtet wurden. Sie mussten unentgeltlich arbeiten, durften geschlagen und sogar getötet werden. Man nannte sie Sklaven. Lennart ist fassungslos: „Johanna in unserer Klasse ist auch schwarz und sie ist doch nicht anders als wir!“ Die Mutter versucht Lennart zu beruhigen: „Heute gibt es keine Sklaverei mehr. Aber noch vor etwa 60 Jahren wurden in den USA Schwarze ganz offen diskriminiert, das heißt, sie hatten in vielen Lebensbereichen nicht die gleichen Rechte wie Weiße. Häufig wurden sie benachteiligt, ausgeschlossen und schlecht behandelt. So musste beispielsweise in öffentlichen Verkehrsmitteln wie Bussen ein Schwarzer von seinem Platz aufstehen, wenn ein Weißer dies verlangte, um sich selbst hinzusetzen.“ Lennart findet das total ungerecht. Er möchte mehr darüber erfahren und sucht gemeinsam mit seiner Mutter nach Informationen im Internet. Dort stößt er auf Martin Luther King, einen Pastor, der gegen die Benachteiligung von Schwarzen in den USA kämpfte.

Er, selbst ein Schwarzer, war der Meinung, dass alle Menschen, gleich welcher Hautfarbe, die gleichen Rechte haben sollten. In seiner berühmten Rede („Ich habe einen Traum“), die er am 28. August 1963 in Washington vor mehr als 250 000 Menschen hielt, machte er seine Vorstellungen von einer besseren Welt deutlich.

1. Suche dir im Internet den Text der Rede von Martin Luther King in deutscher Übersetzung. Du findest ihn leicht, wenn du den Namen und „Rede“ eingibst.
2. Lies den Teil der Rede Martin Luther Kings und höre dir anschließend die Originalrede auf www.youtube.com/watch?v=3vDWWy4CMhE an. Auch wenn sie auf Englisch gesprochen ist und du sie nicht ganz verstehen kannst, so hörst du doch am Tonfall, wie wichtig ihm sein Anliegen war.
3. Martin Luther King wurde knapp fünf Jahre nach seiner Rede, am 4. April 1968, ermordet. Sammelt in einer Bücherei oder mithilfe des Internets Informationen über diesen Mann und erstellt ein Plakat, das Auskunft über ihn gibt.

Autorin: Petra Mallmann – Jesu Traum von einer besseren Welt 3/4

Name: ______________________________ Datum: ______________

Mutter Teresa

Mutter Teresa (1910–1997), eine Ordensfrau (das ist eine Frau, die zusammen mit anderen Frauen in einem Kloster lebt), fährt häufig mit dem Zug durch Kalkutta. Dabei sieht sie immer wieder Menschen, die völlig verarmt sind und in Pappkartons leben. Manche liegen krank auf der Straße, ohne dass sich jemand um sie kümmert, und manche sterben, ohne dass jemand bei ihnen ist. Das sind Bilder, die Mutter Teresa nicht vergessen kann, und so wird ihr eines Tages klar: Diese Menschen brauchen meine Hilfe …
So beginnt die Geschichte einer Ordensfrau, die in Kalkutta lebte und dort den Ärmsten, den Hungernden, den Obdachlosen, den Kranken und den Sterbenden zur Seite stand. Sie errichtete für arme Kinder und Straßenkinder eine Schule und unterrichtete sie. Im Laufe der Zeit kamen immer mehr Menschen zu ihr und baten um Hilfe. So gründete sie einen Orden (so nennt man eine Gemeinschaft von Frauen oder Männern, die in einem Kloster leben), und gemeinsam mit ihren Ordensschwestern pflegte sie schwerkranke Menschen in den Elendsvierteln von Kalkutta, den sogenannten Slums. Sie selbst, eine gläubige und überzeugte Christin, die das Leben und Wirken Jesu zum Vorbild hatte, lebte – ebenso wie er – in Armut. Ihr ganzes Leben stellte sie in den Dienst anderer Menschen. Am 5. September 1997 starb sie. Für ihr Wirken bekam sie viel Anerkennung, unter anderem wurde ihr der Friedensnobelpreis verliehen. Bis heute besteht ihr Orden und sie hat wegen ihres großen Einsatzes viele Bewunderer auf der ganzen Welt.

1. Eine sehr kleine Frau bewegte mit ihrem Tun die Welt und veränderte sie. Bis heute wird ihre Arbeit von Mitschwestern fortgesetzt und der Orden erhält Spenden aus der ganzen Welt. Suche aus dem Text oben, um welche Menschen sich Mutter Teresa kümmerte, um ihnen die Welt der Reich-Gottes-Vorstellung Jesu ein Stück näherzubringen. Schreibe es in die Blätter der Senfkornpflanze.

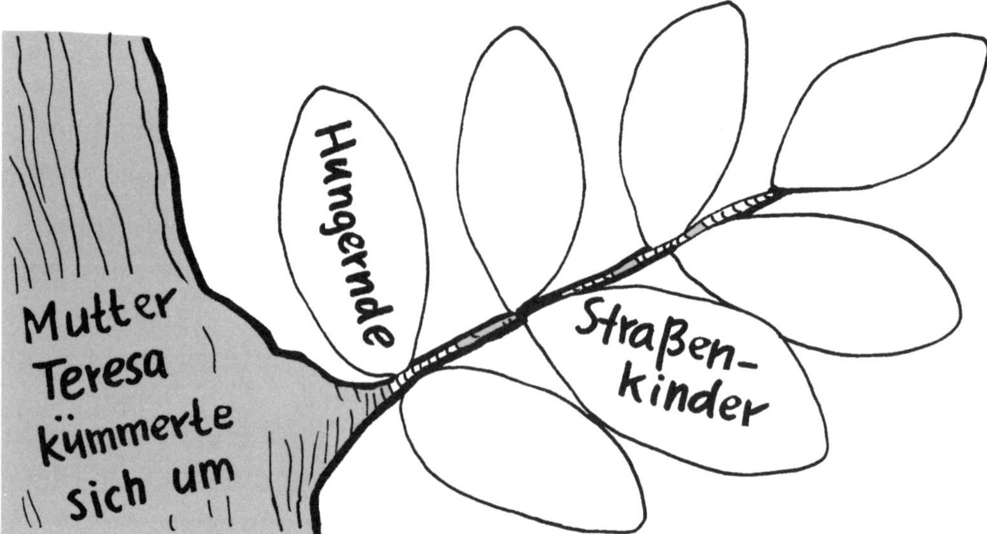

Name: ______________________ Datum: __________

Janusz Korczak

INTERFOTO/Friedrich

Vor noch gar nicht so langer Zeit (etwas mehr als 70 Jahren) wurden Menschen, die der Religion des Judentums angehörten, in Deutschland verfolgt und viele von ihnen wurden ermordet. Selbst bei Kindern machte man keine Ausnahme.

Janusz Korczak (gesprochen Janusch Kortschak) leitete zu dieser Zeit ein Waisenhaus (das ist ein Haus, in dem Kinder aufgenommen werden, die ihre Eltern verloren haben). Als die jüdischen Kinder dort abgeholt und getötet werden sollten, bestand er darauf, sie auf ihrem letzten Weg zu begleiten, obwohl er wusste, dass er dann auch getötet werden würde. Er hätte zuvor die Möglichkeit gehabt, zu fliehen, aber er wollte die ihm anvertrauten Kinder nicht allein lassen.

1942 wurde er gemeinsam mit seinen Waisenkindern umgebracht.

Autorin: Petra Mallmann – Jesu Traum von einer besseren Welt 3/4 · Illustratorin: Dorina Tessmann

Name: ______________________________ Datum: ____________

Was ich schon kann:
Mein Beitrag zu einer besseren Welt

Du hast mehrere Menschen kennengelernt, die einen Beitrag zum Gelingen des Reiches Gottes geleistet haben. Sicher ist es sehr schwer oder kaum möglich, in dem Maße zu helfen wie diese Menschen, erst recht, wenn man noch ein Kind ist. Dennoch kann auch der kleinste Beitrag – wie das Gleichnis vom Senfkorn zeigt – helfen, die großartige Idee vom Reich Gottes ein Stück mehr Wirklichkeit werden zu lassen.

Mein Name:

____

____

Bild von dir

1. Welches der genannten Beispiele hat dich am meisten beeindruckt? Warum?

____

____

____

____

____

2. Was könnte dein Beitrag zum Gelingen des Reiches Gottes sein? Wenn du keine Idee hast, schau auf die nächste Seite. Vielleicht helfen dir die Bilder.

____

____

____

____

____

____

Autorin: Petra Mallmann – Jesu Traum von einer besseren Welt 3/4

Name: ______________________ Datum: ____________

Auch Kinder können die Welt besser machen

Kleines Senfkorn Hoffnung

Musik: Ludger Edelkoetter
Text: Alois Albrecht

C Am F Dm G
1. Klei - nes Senf - korn Hoff - nung, mir um - sonst ge - schenkt,

5 C Am Dm G
wer - de ich dich pflan - zen, dass du wei - ter wächst,

9 E7 Am F G C
dass du wirst zum Bau - me, der uns Schat - ten wirft,

13 E7 Am F Dm G C Am F G
Früch - te trägt für al - le, al - le, die in Äng - sten sind.

http://www.unterringingen-evangelisch.de/alt/veranstaltungen/andere/senfkorn.jpg

Autorin: Petra Mallmann – Jesu Traum von einer besseren Welt 3/4 · Illustratorin: Dorina Tessmann · Notensatz: Rica Fiedler

Name: ______________________ Datum: __________

Eine besondere Methode zum Philosophieren: Das Schreibgespräch (Placemat-Methode)

Anton und Jakob sind in der 3. Klasse. Herr Giesen, ihr Lehrer, setzte sie nebeneinander, weil er hoffte, dass Anton als Klassenbester Jakob unterstützen könnte. Aber Anton denkt gar nicht daran. Immer wenn er eine Eins bekommt – und das kommt ziemlich oft vor –, fragt er die anderen nach ihrer Note und freut sich darüber, dass die meisten eine schlechtere haben. Deshalb nennen ihn viele Streber und kaum einer mag ihn. Jakob spielt auch lieber mit anderen Kindern, aber in der Pause tut Anton ihm manchmal auch ein bisschen leid. Denn er steht häufig alleine herum und er wirkt dabei sehr traurig und einsam. „Selbst schuld", sagen die anderen, aber Jakob überlegt, ob er einfach zu ihm gehen und ihn fragen soll, ob er mit Fußball spielen möchte. Nur, was sagen dann die anderen? Sicher sind sie nicht einverstanden. Jakob überlegt …

1. Wie könnte die Geschichte weitergehen? Überlegt in der Gruppe verschiedene Möglichkeiten.

2. Kennst du solche Situationen? Tauscht euch in der Gruppe darüber aus.

3. Wie würdest du dich an Jakobs Stelle verhalten? Erstellt dazu in der Verergruppe ein Plakat nach der Placemat-Methode:
   a) Unterteilt ein Blatt Papier in vier Felder (s. u.). Jedes Kind sitzt vor einem Feld und schreibt seine Meinung mit Begründung in das Feld.
   b) Anschließend wird das Blatt gedreht, sodass jedes Kind vor dem Feld seines Vorgängerkindes sitzt und dessen Text liest.
   c) Im nächsten Schritt antwortet es auf das, was das Kind vor ihm geschrieben hat. Vielleicht stimmt es zu, vielleicht ist es auch anderer Meinung. Das schreibt es dazu und begründet es.
   d) Ihr wiederholt das Ganze so oft, bis ihr wieder vor eurem ursprünglichen Feld sitzt. Dann lest ihr alle Texte dieses Feldes und diskutiert anschließend in der Gruppe die verschiedenen Meinungen.
   e) Am Ende einigt ihr euch auf eine Meinung und schreibt diese in die Mitte des Blattes.

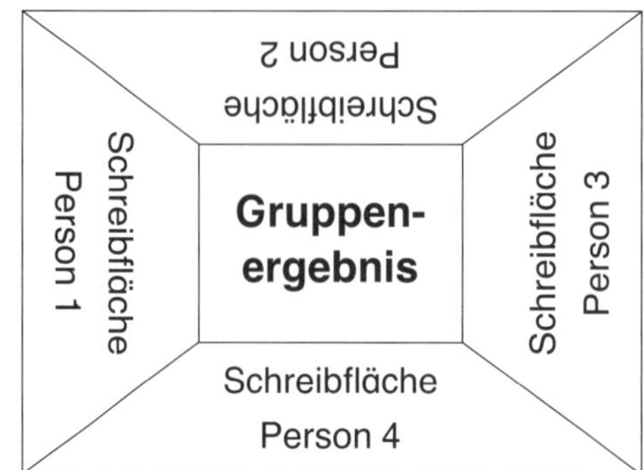

Der Zöllner Zachäus

Eine ganz ähnliche Geschichte wie die von Anton und Jakob wird in der Bibel erzählt. Sie handelt von der Begegnung Jesu mit dem Zöllner Zachäus. Zöllner waren damals ziemlich unbeliebt, weil sie Menschen beim Überqueren einer Grenze viel Geld abnahmen – häufig mehr als nötig. Dadurch wurden sie zwar reich, aber niemand wollte etwas mit ihnen zu tun haben. Sie waren in ihrer Umgebung zumeist nicht sonderlich geachtet und viele waren der Meinung, dass sie es auch nicht anders verdienten.

Als Jesus eines Tages in die Stadt Jericho kam, in der auch Zachäus lebte, wollten ihn viele Menschen sehen, denn mittlerweile war er immer bekannter geworden. Auch Zachäus wollte ihn sehen, und weil die anderen ihm die Sicht versperrten, kletterte er auf einen Baum. Als Jesus ihn dort sah, geschah etwas ganz Unerwartetes: Jesus sprach Zachäus an und bat ihn, bei ihm Gast sein zu dürfen. Zachäus stieg daraufhin vom Baum herunter und nahm Jesus mit zu sich nach Hause. Als die Leute das sahen, waren sie verärgert und meinten: „Ausgerechnet bei dem ist er zu Gast." Zachäus aber freute sich sehr und sagte zu Jesus, dass er von nun an die Hälfte seines Vermögens den Armen geben wolle, und wenn er als Zöllner zu viel gefordert habe, so wolle er das Vierfache zurückgeben.

1. Spielt die Geschichte nach. Das Kind, das Jesus spielt, sollte Folgendes in seinem Spiel beachten: Jesus schaut Zachäus freundlich an, er wendet sich ihm zu und spricht ihn an, vielleicht fasst er ihn auch an, nachdem Zachäus vom Baum heruntergekommen ist. Findet weitere Formen der Zuwendung, die Zachäus zeigen, dass Jesus ihn mag. Einige Kinder sind Beobachter beim Spiel und achten darauf, wie sich Zachäus' Gesicht und seine Körperhaltung durch die Zuwendung Jesu verändern.

Autorin: Petra Mallmann – Jesu Traum von einer besseren Welt 3/4 · Illustratorin: Dorina Tessmann

Name: ______________________ Datum: __________

Jesus umgibt sich mit Menschen am Rande der Gesellschaft

Jesus waren besonders die ausgestoßenen und schuldig gewordenen Menschen wichtig, weil die Begegnungen mit ihnen eine Veränderung zum Guten bewirken konnten.

1. Beschreibe das Handeln Jesu und wie es Zachäus verändert:

Zachäus ändert sich durch die Begegnung mit Jesus

vorher: Zachäus ist …

____

____

Jesus begegnet Zachäus: Er schaut ihn freundlich an, er öffnet seine Arme, er lächelt …

____

____

nachher: Nach der Begegnung verhält sich Zachäus anders …

____

____

Name: ______________________ Datum: __________

KV 20

Begegnungen können Menschen verändern

In der Geschichte von Zachäus verändert sich das Verhalten des Zöllners nach der Begegnung mit Jesus. Zachäus fühlt sich durch Jesus angenommen und geliebt.
Diskutiert in der Gruppe: Ist in der Geschichte von Anton und Jakob eine ähnliche Veränderung möglich? Begründet eure Meinung.
Gelingt das immer? Unter welchen Bedingungen gelingt das besonders gut oder eben nicht?
Es gibt Formen der Zuwendung, die dem anderen zeigen, dass man ihn mag. Beschreibe die folgenden:

Findet weitere Formen der Zuwendung. Stellt sie in Form eines Standbildes dar.

Autorin: Petra Mallmann – Jesu Traum von einer besseren Welt 3/4 · Illustratorin: Dorina Tessmann

Name: ______________________ Datum: __________

„Gebt ihr ihnen zu essen!" – Die Speisung der 5000

In Jesu Reich-Gottes-Vorstellung haben alle Menschen das, was sie zum Leben brauchen: Kleidung, Nahrung, ein Dach über dem Kopf und jemanden, der sie liebt und für sie da ist. Damals wie heute haben das aber nicht alle Menschen. In vielen Teilen der Erde herrschen Krieg und Armut, und noch immer haben Menschen nicht genug zu essen und manche sterben sogar an Hunger. Gleichzeitig wird anderswo Nahrung weggeworfen, teilweise ins Meer gekippt, weil es „zu viel" davon gibt. In der Bibel wird eine Geschichte erzählt, die dazu aufruft, diese Ungleichheit zu beseitigen.

1. Schlage die Geschichte nach (Mk 6,32–44, das bedeutet Markusevangelium, Kapitel 6, Verse 32 bis 44) und lies den Text.

   Auch wenn Jesus Menschen mit seiner Art verzaubern konnte, so war er doch kein Zauberer, wie du ihn vielleicht auf einer Bühne schon einmal gesehen hast. Er konnte nicht aus 5 Broten und 2 Fischen ganz viele zaubern. Um zu verstehen, worum es in dieser Geschichte geht, könnt ihr folgendes Experiment machen:
   Jeder schaut in seiner Brotdose nach, ob er etwas von dem, was er dabei hat, entbehren und abgeben kann. Das legt er auf ein Tuch in der Mitte der Klasse. Am Ende liegen dort vielleicht eine Möhre, ein Stück Paprika, eine Süßigkeit, ein halbes Wurstbrot … Der ein oder andere hat vielleicht nichts, was er beisteuern kann, ein anderer hat so viel, dass er es alleine ohnehin nicht essen könnte. Wenn ihr alles zusammengelegt habt, dann zerkleinert ihr es so, dass für jeden etwas da ist, und esst es gemeinsam.

2. Erzählt von euren Erfahrungen: Wie hat es geklappt? Wie hat sich diese Form des Teilens angefühlt?

3. Mit diesem „Experiment" habt ihr das Wunder von damals wiederholt. Überlegt gemeinsam, warum.

Autorin: Petra Mallmann – Jesu Traum von einer besseren Welt 3/4 · Illustratorin: Dorina Tessmann

Name: ______________________ Datum: __________

Wunder geschehen auch heute noch

1. Das Brot steht in der biblischen Geschichte für alles, was man zum Leben braucht. Was könnte das außer Nahrungsmitteln noch sein? Schreibe es in die Brote.

Das ist so wichtig wie Brot

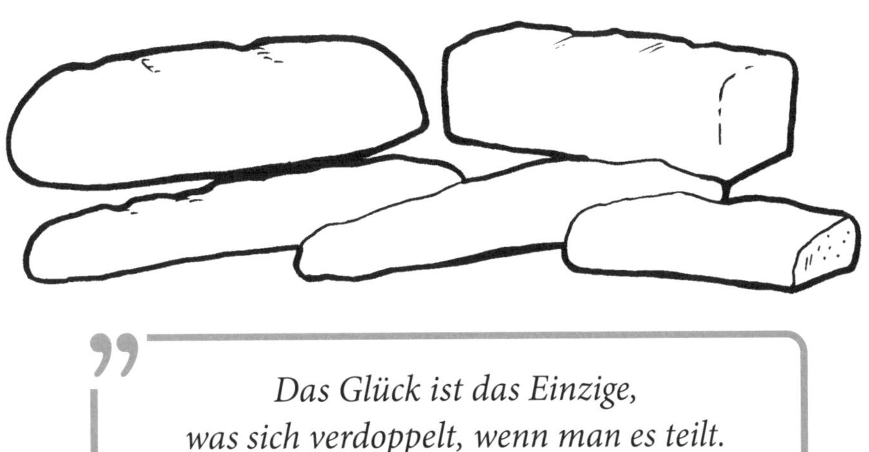

> *Das Glück ist das Einzige,*
> *was sich verdoppelt, wenn man es teilt.*
> (Albert Schweizer)

Was meint Albert Schweizer mit diesem Spruch? Hast du so etwas auch schon einmal erlebt?

Autorin: Petra Mallmann – Jesu Traum von einer besseren Welt 3/4 · Illustratorin: Dorina Tessmann · Notensatz: Rica Fiedler

Name: ______________________ Datum: __________

Eine Methode zum Philosophieren: Bildbetrachtung

1. Betrachte die Bilder in Ruhe, was fällt dir auf?
2. Auf dem linken Bild erkennst du das Mädchen aus dem Märchen „Sterntaler". Suche die Geschichte in einem Märchenbuch und lies sie. Was hat sie mit der Jesusgeschichte gemeinsam? Wofür stehen am Ende die Sterne, die vom Himmel fallen?

Im rechten Bild sind verzweifelte Menschen zu erkennen, die für die Armut in der Welt stehen. Viele dieser Menschen flüchten heute vor Hunger und Krieg in reichere Länder wie Deutschland. Was könnte man tun, damit diese Menschen nicht genötigt wären, ihre Heimat zu verlassen? Welche Möglichkeiten haben wir, wo gibt es Grenzen? Diskutiert in der Gruppe.

Autorin: Petra Mallmann – Jesu Traum von einer besseren Welt 3/4 · Illustratorin: Dorina Tessmann

Name: ______________________ Datum: __________

Was ich schon kann: Weiterschreiben einer biblischen Geschichte

Wie die Brotvermehrung weitergehen kann*

Als Jesus aufschaute, sah er eine unübersehbar große Menge Menschen: Hinkende auf Krücken, Lahme auf Tragbahren, Verstümmelte, Blinde, die ganz Ohr waren, Taube, die ganz Auge waren, manche, die sich die Hand ans Ohr hielten oder große Trichter, um möglichst viel mitzukriegen.

Als er sie alle sah, hatte er Mitleid und dachte: „Die brauchen jetzt was zu essen. Wenn ich sie gehen lasse, werden sie auf dem Weg zusammenbrechen. Sie werden nicht satt von bloßer Hoffnung, von bloßen Worten."

Jesus fragte einen seiner Freunde: „Wie kriegen wir die satt, Philippus?" Philippus, der rechnen konnte, sagte: „Brot für tausend Euro reicht nicht für so viele. Aber woher nehmen? Aus der Luft?" Und Andreas, ein anderer seiner Freunde, sagte: „Da ist ein Kind, ein Junge, der hat in seinem Netz fünf Brötchen und zwei Fische." Aber Andreas fügte gleich hinzu: „Das ist so viel wie nichts." Doch Jesus ging zu dem Jungen und fragte: „Willst du deine Brötchen und Fische abgeben, dass alle was bekommen?" Und ohne zu antworten gab der Junge die Brötchen und die Fische. Und da hatte Jesus ein Brötchen in der Hand und brach es in viele Stücke. Dann rief er: „Wer ganz viel Hunger hat, der komme!"

Und da kamen Kinder und Alte, mit schwarzen Rändern unter den Augen, mit bleichen Gesichtern – der Hunger schaute aus ihnen heraus – und dann kamen immer mehr, aber, o Wunder, es kamen auch immer mehr, die etwas mithatten und es jetzt bei Jesus abgaben: Brot und Fische und Ziegenkäse, auch etwas zu trinken hatten einige mit, und Jesus und seine Freunde hatten alle Hände voll zu tun. Zu brechen und zu verteilen. Ein Geber steckte den anderen an: Brotvermehrung …

„Brotvermehrung!", ging es durch die Menge. Jesus war zum Mittelpunkt geworden und viele fragten: „Wo kommt denn das Brot her?"

Da kamen einige reiche Amerikaner, Farmer, Fabrikanten …

1. Schreibe die Geschichte auf einem extra Blatt weiter. Wer könnte noch dazukommen und was könnte außer Nahrungsmitteln noch beigesteuert werden?

*angelehnt an: Halbfas, Hubertus: Religionsbuch für das 3. Schuljahr München 2010, S. 34 f.

Autorin: Petra Mallmann – Jesu Traum von einer besseren Welt 3/4

Name: ______________________ Datum: __________

Weiterdenken – Eine besondere Methode zum Philosophieren und Theologisieren: Begriffsmolekül zum Thema „Gerechtigkeit“

„Das ist ja total unfair“, schimpft Clemens, als er aus der Pause zurück in die Klasse kommt. „Wir waren beim Fußballspielen und da nahm uns Thomas einfach den Ball ab, weil er nicht mitspielen durfte. Frau Buch hatte Aufsicht und meinte, dass wir Thomas mitspielen lassen müssten. Das wollen wir aber nicht. Thomas spielt so schlecht, dass es überhaupt keinen Spaß macht mit ihm. Frau Buch kann uns doch nicht dazu zwingen!“ Clemens ist außer sich vor Wut und möchte am liebsten alles zertreten. Seine Klassenlehrerin beruhigt ihn und meint: „Ich höre von euch ganz häufig das Wort ‚unfair‘. Vielleicht sollten wir mal gemeinsam darüber sprechen, was ihr als fair oder unfair empfindet. Ein anderes Wort dafür ist ‚gerecht‘. Für uns Lehrer ist es nicht immer leicht, gerecht zu sein. Lasst uns einmal darüber nachdenken, was für euch Gerechtigkeit ist und was alles dazugehört.“

Beim Begriffsmolekül überlegt man zunächst einmal, was alles zu einem philosophischen Begriff wie „Gerechtigkeit“ gehört. Das schreibt man auf kleine Zettel und diskutiert dann mit anderen darüber, welche Aspekte besonders wichtig sind und welche weniger.

© Petra Mallmann

Anschließend baut die Gruppe ein Begriffsmolekül, bei dem auf eine dicke Kugel in der Mitte der Begriff, um den es geht, geschrieben wird. Auf kleineren Kugeln stehen die dazu gefundenen Begriffe. Sie werden um die Hauptkugel herum entsprechend ihrer Bedeutsamkeit angeordnet (wichtige Aspekte stehen näher an der Hauptkugel, unwichtigere weiter entfernt).

1. Baut nun in der Gruppe ein solches Begriffsmolekül zum Begriff „Gerechtigkeit“.

2. Präsentiert die Ergebnisse und sprecht darüber, bei welchen Begriffen es in eurer Gruppe schnell Einigkeit gab und bei welchen ihr längere Zeit diskutiert habt.

Autorin: Petra Mallmann – Jesu Traum von einer besseren Welt 3/4

Name: ______________________ Datum: ____________

Das Problem der Gerechtigkeit

Helene kommt aus der Schule nach Hause und ist stinksauer. Sie hat die Mathearbeit zurückbekommen, die mit einer 3 bewertet wurde. Neben ihr in der Klasse sitzt Klara. Klara hat auch eine 3 bekommen, aber sie bekommt von ihrer Lehrerin Frau Rosenberger immer viel leichtere Matheaufgaben. „Da ist es ja kein Wunder, dass sie die gleichen Noten schreibt wie ich, obwohl ich in Mathe viel besser bin. Das ist total ungerecht", schimpft Helene und kann sich kaum beruhigen. Ihre Mutter nimmt sie in den Arm und zeigt ihr eine Karikatur. Das ist ein Bild, das in lustiger Weise ein Problem darstellt und einen zum Nachdenken anregt:

Führt ein sokratisches Gespräch. Das ist eine Diskussion, bei der man über philosophische Fragen nachdenkt, Argumente austauscht und auch darüber wieder nachdenkt. Diskutiert folgende Fragen:

1. Ist es gerecht, wenn man von allen immer die gleichen Leistungen verlangt? Warum? Warum nicht?
2. Ist es ungerecht, wenn in der Schule unterschiedlich bewertet wird? Warum? Warum nicht?
3. Können alle Menschen immer nur gleich behandelt werden? Begründet eure Meinung.

Der Philosoph John Rawls (1921–2002) stellte sich eine Gesellschaft vor, in der alle Menschen ohne Unterschied die gleichen Rechte haben.

Was haltet ihr von seinem Vorschlag?

Autorin: Petra Mallmann – Jesu Traum von einer besseren Welt 3/4 · Illustratorin: Dorina Tessmann

Name: ______________________ Datum: __________

Auch Kinder haben Rechte

Früher dachte man weniger über die Rechte von Kindern nach. Es war gar nicht ungewöhnlich, dass Kinder mit Schlägen bestraft wurden – in der Schule wie auch zuhause.
Das hat sich glücklicherweise geändert. 1989 wurde von allen Staaten der Welt die sogenannte Kinderrechtskonvention verabschiedet. Das ist ein Vertrag, in dem vereinbart wurde, dass Kinder eigenständige Persönlichkeiten sind, die von Geburt an eigene Rechte haben. Zu diesen Rechten zählen zum Beispiel:

Kinder haben das Recht, gesund zu leben, Geborgenheit zu finden und keine Not zu leiden.

Kinder haben das Recht, zu spielen, sich zu erholen und künstlerisch tätig zu sein.

Behinderte Kinder haben das Recht auf besondere Fürsorge und Förderung, damit sie aktiv am Leben teilnehmen können.

Kinder haben das Recht, bei allen Fragen, die sie betreffen, sich zu informieren, mitzubestimmen und zu sagen, was sie denken.

Kinder haben das Recht auf Schutz vor Gewalt, Missbrauch und Ausbeutung.

Kinder haben das Recht, zu lernen und eine Ausbildung zu machen, die ihren Bedürfnissen und Fähigkeiten entspricht.

Aus: www.kinderrechte.de: Arbeitsblatt 4: 10 Kinderrechte. Kurz gefasst! (leicht gekürzt)

1. Überlegt und sprecht in der Gruppe: Welches Recht haltet ihr für besonders wichtig, welches für weniger wichtig. Begründet eure Meinung.

2. Gestaltet eine Leiter und ordnet die Rechte entsprechend ihrer Bedeutung für Kinder an. Das wichtigste Recht steht auf der obersten Sprosse, das am wenigsten wichtige ganz unten.

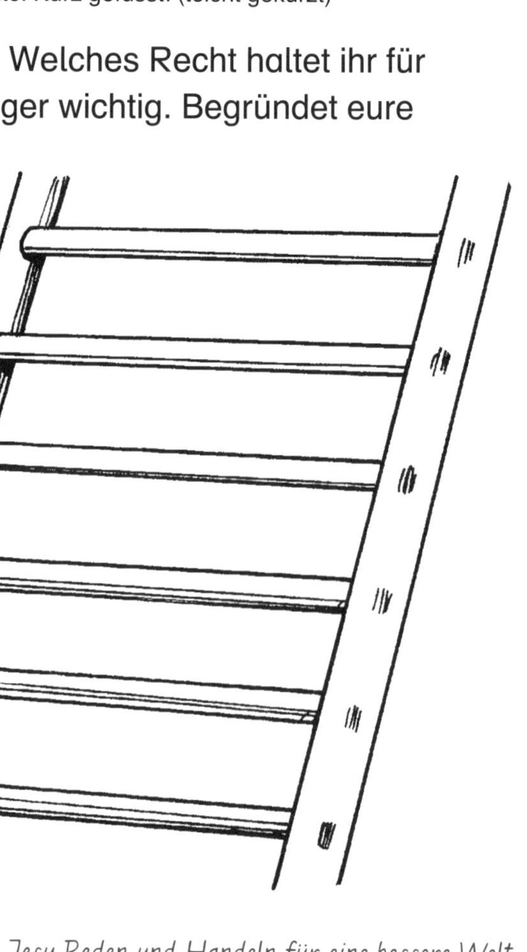

Autorin: Petra Mallmann – Jesu Traum von einer besseren Welt 3/4 · Illustratorin: Dorina Tessmann

Name: ______________________ Datum: __________

Das Gleichnis von den Arbeitern im Weinberg (Mt 20,1–16)

Mit dem Gleichnis von den Arbeitern im Weinberg erzählt Jesus eine Geschichte, die viele bis heute als sehr ungerecht empfinden. Sie handelt davon, dass ein Grundbesitzer allen seinen Arbeitern am Ende eines Tages den gleichen Lohn auszahlt, obwohl die einen von morgens an arbeiten und andere erst am Abend begonnen haben. Dieses anscheinend ungerechte Verhalten führt zu Protesten der zuerst gekommenen Arbeiter, obwohl diese doch den zuvor vereinbarten Lohn erhalten.

1. Suche das Gleichnis in der Bibel (Mt 20,1–16) und lies es.

2. Was sind deine ersten Eindrücke zu dieser Geschichte? Tausche dich mit deinem Tischnachbarn über folgende Fragen aus:
- **a)** Ist diese Bezahlung gerecht?
- **b)** Kannst du die Verärgerung der ersten Arbeiter verstehen?
- **c)** Kennst du ähnliche Situationen?

Autorin: Petra Mallmann – Jesu Traum von einer besseren Welt 3/4 · Illustratorin: Dorina Tessmann

Name: ______________________ Datum: __________

Schulnoten und die Frage nach der Gerechtigkeit

1. Lies dir die folgende Geschichte durch.

Herr Liessem, Klassenlehrer der 3a, gibt den Kindern das Diktat zurück, das er vor zwei Tagen mit ihnen geschrieben hat. Alberto hat mit 0 Fehlern eine 1 bekommen und freut sich wie ein Schneekönig, als er das sieht. Seine Freude wird allerdings getrübt, als er das Heft seiner Tischnachbarin sieht, die ebenfalls eine 1 bekommen hat – aber mit einem halben Fehler. Als dann auch noch ein anderer Mitschüler laut jubelnd verkündet: „Ich habe nur einen Fehler und eine 1 bekommen!", ist Alberto restlos bedient. Es braucht also nicht 0 Fehler für die 1, sondern man kann dafür sogar einen ganzen Fehler gemacht haben. Das findet Alberto total ungerecht. Das mindert den Wert seiner 1, gerade auch weil seine Eltern immer wissen wollen, welche Noten die anderen haben.

Alberto geht zu Herrn Liessem und macht seinem Ärger Luft. Sein Klassenlehrer hört ihm lange zu, überlegt und sagt: „Deine Note kann ich nicht verändern, denn mehr als eine 1 kann man nicht bekommen. Würde es dir also besser gehen, wenn ich den anderen statt einer 1 eine 2 gegeben hätte? Was hätte sich dann für dich geändert?" Jetzt denkt auch Alberto lange nach …

2. Spielt die Geschichte nach. Wie fühlen sich die einzelnen Personen in der Geschichte?

3. Versucht, Argumente dafür zu finden, warum diese Bewertung gerecht oder ungerecht ist:
Diese Bewertung ist gerecht, weil …

____

____

____

Diese Bewertung ist ungerecht, weil …

____

____

____

4. Vergleiche die Geschichte mit der von den Arbeitern im Weinberg. Tausche dich mit deinem Tischnachbarn darüber aus: Welche Gemeinsamkeiten gibt es?

Name: ______________________ Datum: __________

KV 30

Jesus erzählt von der Gerechtigkeit Gottes

Vieles von dem, was in der Bibel beschrieben wird, sind Ereignisse, die so nicht passiert sind. Die Menschen, die sie erzählt und später aufgeschrieben haben, wollten zeigen, wie Menschen fühlen, wie sie sich verhalten, wie sie über Gott denken. Sie wollten meist gar nicht schreiben, was damals tatsächlich passiert ist. Deshalb ist es für uns heute häufig schwierig, diese alten Texte richtig zu verstehen. Eine Hilfe hierzu bieten sogenannte Exegesen. Darin haben Wissenschaftler untersucht, in welcher Zeit biblische Texte entstanden sind, von wem und für wen sie geschrieben wurden und mit welcher Absicht. Für die Geschichte von den Arbeitern im Weinberg findest du im Folgenden eine sehr kurze und vereinfachte Exegese, die dir helfen soll, diese Geschichte besser zu verstehen:

1. Die Geschichte will von dem Verhalten von Menschen untereinander erzählen:
   Die Arbeiter, die früh am Morgen gekommen sind, haben tatsächlich länger gearbeitet und mehr geleistet als diejenigen, die ganz am Schluss kamen. Es ist verständlich, dass sie eine gerechte Bezahlung erwarten. Problematisch ist allerdings, dass es ihnen gar nicht darum geht, selbst mehr Lohn zu bekommen. Sie wollen, dass die später gekommenen Arbeiter weniger als sie selbst bekommen. Sie sind missgünstig und unbarmherzig. Sie gönnen den anderen den Lohn nicht. Sie hätten nichts gesagt, wenn die später gekommenen Arbeiter weniger als sie selbst bekommen hätten.
2. Die Geschichte will von Gott erzählen:
   Der Lohn von einem Denar war das, was man damals zum Leben brauchte. Gott strebt danach, allen Menschen Lebenschancen zu ermöglichen. Er ist gütig, großzügig und barmherzig. Er meint es mit allen gut und möchte, dass alle genug zum Leben haben.

In Anlehnung an die sozialgeschichtliche Auslegung von L. Schottroff, in: Ev Kirche der Pfalz Hrsg.: Religionspädagogisches Heft zum Thema „Jesus-Gleichnisse", Heft 1/1988, S. 21.

1. Kannst du dir nach dem Lesen dieser Exegese vorstellen, dass das Handeln des Weinbergsbesitzers doch als gerecht bezeichnet werden kann, oder konnte dich das nicht überzeugen? Begründe deine Meinung.

2. Auf der KV 37 findet ihr ein Rollenspiel zu dieser Geschichte. Füllt in Gruppen zu dritt die Lücken aus und spielt es dann nach.

Autorin: Petra Mallmann – Jesu Traum von einer besseren Welt 3/4

Erwartungshorizont für Lehrerinnen und Lehrer

In diesem Kapitel werden zentrale Texte des Neuen Testaments aufgegriffen. Exemplarisch werden daran das Wirken Jesu und seine Vorstellungen von einer besseren Welt deutlich gemacht. Die Kinder erkennen und verstehen, dass Jesus kein Zauberer war, der naturwissenschaftliche Gesetzmäßigkeiten außer Kraft setzte. Sie lernen, dass seine Magie in seiner Menschlichkeit zu suchen ist, die ihn in den Augen seiner Zeitgenossen so besonders, so heilbringend, so zauberhaft und göttlich erscheinen ließ. Er vermochte durch sein Handeln Menschen und Situationen in einer Weise zu verändern, die Staunen, Ver- und Bewunderung hervorrief – in diesem Sinne war er dann doch ein Zauberer.

In einem so verstandenen Sinne können auch wir heute noch zaubern oder durch Menschen verzaubert werden. Wir können kleine Wunder wie das der Speisung der 5000 (KV 21–24) bewirken, wenn wir wie Jesus handeln. Wir können schuldig gewordene Menschen wie Zachäus ändern, indem wir uns ihnen zuwenden und sie annehmen (KV 17–20). Manchmal braucht es dafür gar nicht viel, wie das Gleichnis vom Senfkorn zeigt (KV 11–16). Mit dem Gleichnis von den Arbeitern im Weinberg wird schließlich die Gerechtigkeitsfrage aufgeworfen (KV 25–29 und KV 37). Sie ist im familiären wie im schulischen Alltag der Kinder zentral und allgegenwärtig.

Durch Parallelgeschichten aus der Lebenswelt der Kinder (KV 17, KV 26), die analog zu den biblischen Texten die geschilderten Grundfragen und Probleme aufwerfen, rückt für die Schülerinnen und Schüler die Welt der Bibel und auch die Person Jesu selbst näher. Sie ist nicht mehr so entrückt, so fern, so unerreichbar. Jesus ist mehr Mensch als Gott, seine Göttlichkeit zeigt sich gerade in seiner tief verinnerlichten und gelebten Menschlichkeit.

So initiierte Lebensweltbezüge lassen die alten biblischen Texte auch für heutige Kinder bedeutsam werden. Sie sind dann keine Ereignisse mehr, die vor über 2000 Jahren stattgefunden, aber mit uns heute nur noch wenig zu tun haben. Die Kinder denken darüber nach, urteilen, diskutieren, verstehen zentrale christliche Inhalte und übersetzen sie in ihren Lebensalltag.

Ein solches Reflektieren beeinflusst auch das Handeln der Kinder: Was kann mein Beitrag zu einer besseren Welt sein? (KV 15), wie kann ich Außenseiter integrieren? (KV 20), wie kann die ungleiche Verteilung von Gütern – zumindest in Teilen – ausgeglichen werden und was kann ich zu einem guten und gerechten Miteinander beitragen (KV 23)?

So werden grundlegende Kompetenzen im Religionsunterricht gefördert:

- Sachkompetenz (Kennen biblischer Geschichten)
- analytische Kompetenz (Definieren und Analysieren von Begriffen wie dem der Gerechtigkeit)
- hermeneutische Kompetenz (Verstehen und Deuten biblischer Texte und ihrer Entstehungshintergründe)
- phänomenologische Kompetenz (Wahrnehmen, genaues Beobachten)
- dialektische Kompetenz (Austauschen, Kommunizieren, Vergleichen von eigenen Meinungen mit denen anderer, Überdenken und ggf. Ändern eigener Standpunkte)
- spekulative Kompetenz (Nachdenken über „was wäre wenn …“ – beispielsweise in Form des Gedankenexperiments)
- Partizipationskompetenz (Sicheinlassen, Anteil nehmen, Verantwortung übernehmen)

Das besondere Kinderbuch: „‚Was ist ein Traum‘, fragte Jonas“ von Hubert Schirneck und Sylvia Graupner

Einsatz im Unterricht

Das sehr liebevoll illustrierte Bilderbuch thematisiert die Frage eines Maulwurfkindes, wie sie Eltern und Lehrkräften häufig gestellt wird. Oft treiben solche Fragen Erwachsene an den Rand der Verzweiflung, lassen sie nach Ausflüchten suchen, schimpfen oder vage Antworten geben, weil es sehr schwierig ist, eine passende zu finden. In diesem Buch wird diese Alltagssituation einfühlsam, humorvoll und sehr kindgemäß erzählt und es werden Antwortmöglichkeiten gesucht, die zum eigenen Nachdenken anregen. Es bietet sich an, das Buch abschnittsweise, auf mehrere Stunden verteilt, vorzulesen und jeden Abschnitt so zu thematisieren, dass bei den Kindern wichtige Kompetenzen wie die der Reflexions-, Urteils- und Dialogfähigkeit angeregt und gefördert werden. Ein Ideenpool hierzu findet sich auf den folgenden Seiten.

Inhaltsangabe

Jonas ist ein Maulwurf, der seinen Eltern eines Morgens die Frage stellt: „Was ist ein Traum?“ Die Eltern, zunächst überrascht, überfragt und hilflos, unternehmen Antwortversuche, die dem kleinen Maulwurf aber nicht genügen, und so macht er sich auf den Weg, anderen Tieren die gleiche Frage zu stellen. Die Verschiedenheit der Antworten lässt ihn auch selbst nachdenklich werden. An diesem Tag kommt er verspätet nach Hause und so muss er sofort zu Abend essen und sich bettfertig machen, ohne von seinen Erlebnissen noch erzählen zu können. Seiner Mutter, die später noch an sein Bett kommt, stellt Jonas dann aber noch einmal seine Frage und diesmal – so scheint es – ist die Mutter besser vorbereitet, denn sie gibt ihm überlegtere Antworten, die den kleinen Maulwurf nun auch zufriedenstellen. An diesem Abend schläft er schnell ein und – träumt von den gesammelten Eindrücken des Tages.

Didaktische Anregungen zur Unterrichtsgestaltung

Das Buch ist an der Lebenswelt der Kinder orientiert und bietet vielfältige Gesprächs- und Reflexionsanlässe. Insofern empfiehlt es sich, es in Abschnitten zu lesen und nach jedem Abschnitt eine tiefergehende Auseinandersetzung anzustreben. Im Folgenden finden sich hierzu Anregungen und Arbeitsblätter. Da das Buch keine Seitenzahlen hat, werden die Abschnitte jeweils beschrieben.

Ein möglicher Einstieg wäre das Bewusstmachen eigener Träume. Auf diese Weise könnten die Kinder zunächst von eigenen Erfahrungen erzählen und sich so an das Thema herantasten (KV 30). Um zu erkennen, dass jeder Mensch Träume hat (gemeint ist in diesem Zusammenhang zunächst der nächtliche Traum), tauschen die Kinder sich hierüber aus und verbessern dadurch ihre dialogische Kompetenz.

1. Etappe:

Die Kinder werden mit dem Maulwurf Jonas und seiner Frage, was denn ein Traum sei, konfrontiert. Diese Frage führt direkt in die analytische Methode des Philosophierens, denn bevor über einen Begriff philosophiert werden kann, muss geklärt werden, was darunter zu verstehen ist (Begriffsanalyse). Hierzu werden Eigenschaften, Beschreibungen, Synonyme, Gegenteile etc. zu dem im Zentrum stehenden Begriff gesucht, auf kleine Zettel geschrieben und in Form einer Pyramide angeordnet. Der eigentliche Begriff steht an der Spitze der Pyramide, Beschreibungen, die den Begriff besonders gut kennzeichnen, werden dicht darunter platziert. Je weniger die gefundenen Begrifflichkeiten mit dem an der Spitze stehenden Wort zu tun haben, desto weiter unten werden sie angeordnet. Auf diese Weise erfolgt eine Analyse des philosophischen Begriffs und die Kinder treten in eine intensive Auseinandersetzung hierüber.

2. Etappe:

Der kleine Maulwurf begegnet verschiedenen Tieren, denen er seine Frage stellt. Die Tiere benutzen Bilder, um zu beschreiben, was ein Traum ist. Wenn alle Symbole vorgestellt worden sind, sollen die Kinder ein eigenes Bild entwerfen und umschreiben (KV 32).

3. Etappe:

Gemeinsam wird der letzte Teil des Buches gelesen. Darin träumt der kleine Maulwurf in der Nacht von einem Land, das nur ihm allein gehört, und er ist der Kapitän auf einem schaukelnden Boot. Die Kinder überlegen, was Jonas in seinem Traumland erleben könnte, und malen es in die große freie Gedankenblase auf der KV 34. KV 33 und 34 sollten auf der Vorder- und Rückseite eines Blattes ausgedruckt werden. Hält man nun die KV 33 gegen eine Fensterscheibe, so erscheint das auf der Rückseite befindliche Bild von Jonas auf dem Schiff und die Kinder sehen den von ihnen gemalten Traum gleichsam wie aus einer anderen Welt. Im Anschluss daran könnte der Frage nachgegangen werden, ob es ein solches Traumland gibt und ob es nicht auch am Tag zu entdecken ist. Die Kinder erzählen von Tagträumen, von gedanklichen Reisen in eine Phantasiewelt. Zur Unterstützung könnte darüber hinaus die Phantasiereise (KV 39) herangezogen werden.

Abschluss:

Im Anschluss an das Buch kann eine ausführlichere Unterrichtseinheit zum Thema „Menschen haben Träume – wovon träumst du?" folgen. Hier kann es um Zukunftsträume (KV 35), Menschheitsträume oder Visionen von einer besseren Welt, wie sie im ersten Teil des Heftes beschrieben werden, gehen. In diesem Zusammenhang eignet sich auch die Methode des Gedankenexperiments in besonderem Maße.

Name: ______________________ Datum: __________

Träume in der Nacht

Manchmal träumen wir in der Nacht und erinnern uns beim Aufwachen noch sehr genau daran. Das können sehr schöne Träume, aber auch schreckliche, sogenannte Alpträume sein. Versuche, dich an einen deiner Träume zu erinnern, und male ihn in die Traumwolke.

1. Erzähle von deinem Traum. Was davon entsprach der Wirklichkeit, was nicht?

____

____

____

____

____

____

____

____

____

____

____

____

Autorin: Petra Mallmann – Jesu Traum von einer besseren Welt 3/4 · Illustratorin: Dorina Tessmann

Name: ______________________ Datum: ____________

Ein Traum ist …

1. Male in die freie Denkblase dein Bild für einen Traum.

2. Schreibe auf, warum das für dich ein passendes Bild ist.

____

____

____

____

____

____

Autorin: Petra Mallmann – Jesu Traum von einer besseren Welt 3/4 · Illustratorin: Dorina Tessmann

Name: ______________________ Datum: ____________

KV 33

Jonas träumt

1. Am Ende der Geschichte träumt Jonas. Wovon könnte er träumen? Halte die Rückseite des Blattes gegen eine Fensterscheibe und male seinen Traum in die Traumblase.

Autorin: Petra Mallmann – Jesu Traum von einer besseren Welt 3/4 · Illustratorin: Dorina Tessmann

KV 34

Name: ______________________ Datum: __________

Ein Fenster-Traumbild malen

Autorin: Petra Mallmann – Jesu Traum von einer besseren Welt 3/4 · Illustratorin: Dorina Tessmann

Das besondere Kinderbuch: „‚Was ist ein Traum?', fragte Jonas"
von Hubert Schirneck und Sylvia Graupner

Name: ____________________ Datum: __________

Gedankenexperiment: Mein Zukunftstraum

Die Methode des Gedankenexperimentes hast du schon in KV 3 kennengelernt.

Stell dir nun vor, du könntest mit einer Zeitmaschine die Zeit 30 Jahre vordrehen. Wie könnte dein Leben dann aussehen? Welchen Beruf hast du? Bist du verheiratet, hast du Kinder? Wo wohnst du?

1. Male dich in deiner Umgebung und mit den Menschen, die dir dann wichtig sind.

2. Erzähle von dir, wie du in 30 Jahren leben willst. Was willst du erreicht haben? Was könnte gelungen sein und was vielleicht nicht?

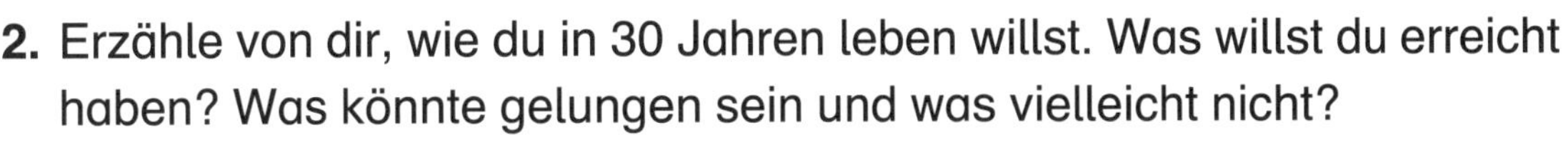

Autorin: Petra Mallmann – Jesu Traum von einer besseren Welt 3/4

Name: ______________________ Datum: ____________

„Wenn einer alleine träumt …“

1. Singt dieses Lied gemeinsam, dann versucht es im Kanon.

2. Man kann dazu auch folgende Bewegungen machen:

Wenn einer alleine träumt
Kinder stehen im Kreis und zeigen auf sich selbst (flache Hand auf Brust).

Ist es nur ein Traum
Kinder haben die Hände wie zu einer Schale geformt

Wenn viele gemeinsam träumen
Kinder zeigen mit dem Finger auf die anderen im Kreis

Dann ist das der Beginn
Kinder strecken beide Arme in die Luft und „wedeln“

der Beginn einer neuen Wirklichkeit
Kinder klatschen

Träumt unsern Traum
Kinder drehen sich um ihre eigene Achse

3. Wovon erzählt dieses Lied? Hast du so etwas auch schon einmal erlebt?

Der Inhalt hat auch etwas mit dem gemeinsamen Singen und Bewegen zu tun.

Das besondere Kinderbuch: „Was ist ein Traum?“, fragte Jonas“ von Hubert Schirneck und Sylvia Graupner

Autorin: Petra Mallmann – Jesu Traum von einer besseren Welt 3/4 · Notensatz: Rica Fiedler

Erwartungshorizont für Lehrerinnen und Lehrer

In diesem Kapitel wird die Vielschichtigkeit von Träumen thematisiert. „Was ist ein Traum?“, fragt der kleine Maulwurf Jonas und wirft damit letztendlich eine philosophische Frage auf. Denn was ein Traum ist, lässt sich nicht eindeutig beantworten, wie die Maulwurfeltern sehr schnell merken.

Dieser Begriff hat viele Facetten. Zunächst verbindet man damit in der Regel Nachtträume. In einem weiteren Sinne kann man darunter auch Wünsche fassen: Ich träume von einem schönen Urlaub, einem Eigenheim oder einem schnellen Auto. Diese Wünsche können durchaus wahr werden. Es sind Zukunftsträume, die sich manchmal erfüllen, während auf einer dritten Bedeutungsebene Träume gemeint sind, die man gemeinhin als Illusion bezeichnet: Der Traum vom Weltfrieden, von einer Welt ohne Leid oder eben der von einer gerechten Welt.

Diese verschiedenen Bedeutungsebenen sollen in diesem Kapitel auch mit den Kindern erschlossen werden. Anknüpfend an den Vorerfahrungen der Schülerinnen und Schüler wird zunächst der Frage nachgegangen, an welche eigenen Träume sie sich erinnern können und inwieweit sie der Wirklichkeit entsprechen.

In Anlehnung an das Kinderbuch „‚Was ist ein Traum?‘, fragte Jonas“ sollen im Anschluss Vergleiche für Träume gefunden werden (KV 32). Ein Traum ist … Dieser Satzanfang lässt Bilder im Kopf entstehen, die in ihrer Symbolhaftigkeit die Kinder in ein Verständnis dieses Begriffes führen. Darüber hinaus werden die Kreativität und das Symbolverständnis der Kinder gefördert – gerade Letzteres ist eine wesentliche Kompetenz im Religionsunterricht.

Mit dem Gedankenexperiment „Mein Zukunftstraum“ kommt eine spekulative Methode zum Einsatz (KV 35). Die Kinder stellen sich ihre Zukunft vor, erzählen von eigenen Wünschen und Träumen, womit der Phantasie und Kreativität Raum gegeben wird.

Zukunftsträume auf der oben genannten dritten Bedeutungsebene (Träume von einer besseren Welt) finden sich in den vorangegangenen Kapiteln und können auch in diesem Zusammenhang thematisiert werden.

Name: ________________________________ Datum: ____________

Rollenspiel zum Gleichnis von den Arbeitern im Weinberg

Erzähler:	Ein Weinbergbesitzer zog früh am Morgen aus, um Arbeiter für seinen Weinberg zu finden. Er vereinbarte mit ihnen als Lohn einen Denar. Das war ungefähr das Geld, das man für einen Tag zum Leben brauchte. Dann schickte er die Arbeiter in seinen Weinberg. Später machte er sich erneut auf die Suche und heuerte Männer für die gleiche Arbeit an. Als er sich am frühen Abend noch einmal auf den Weg machte, fand er noch andere da stehen und er fragte:
Weinbergbesitzer:	Was steht ihr hier den ganzen Tag untätig herum? Habt ihr nichts zu tun?
Ein Mann:	Keiner hat uns angeworben und überall, wo wir nachgefragt haben, hat man uns keine Arbeit gegeben.
Weinbergbesitzer:	Ich habe Arbeit für euch. Geht in meinen Weinberg und ich werde euch angemessen bezahlen.
Erzähler:	Am Abend erhielt jeder Arbeiter den vereinbarten Denar. Zunächst bekamen die zuletzt Gekommenen ihren Lohn und waren ganz überrascht:
Ein zuletzt gekommener Arbeiter:	________________________________ ________________________________
Erzähler:	Als die Ersten kamen, meinten sie, sie würden mehr bekommen, aber auch sie erhielten den vereinbarten Denar. Da protestierten sie und sagten.
Ein zuerst gekommener Arbeiter:	________________________________ ________________________________
Erzähler:	Der Weinbergsbesitzer aber begründete sein Verhalten und entgegnete den protestierenden Arbeitern: ________________________________ ________________________________ ________________________________

Name: ______________________________ Datum: ____________

Die Traumfänger der Indianer

Bei den Indianern gibt es die Tradition, kleine Traumfänger über dem Bett aufzuhängen, die die guten Träume durchlassen und die schlechten auffangen sollen. Am Morgen werden die schlechten Träume – der Sage nach – durch die Strahlen der Sonne aufgelöst.

1. Was denkst du über diese Sage. Meinst du, ein Traumfänger kann solches bewirken? Begründe deine Meinung.
2. Ist man seinen Träumen völlig ausgeliefert oder kann man sie beeinflussen? Wenn ja, wie?
3. Bastele einen Traumfänger und hänge ihn über dein Bett. Dann träume was Schönes!

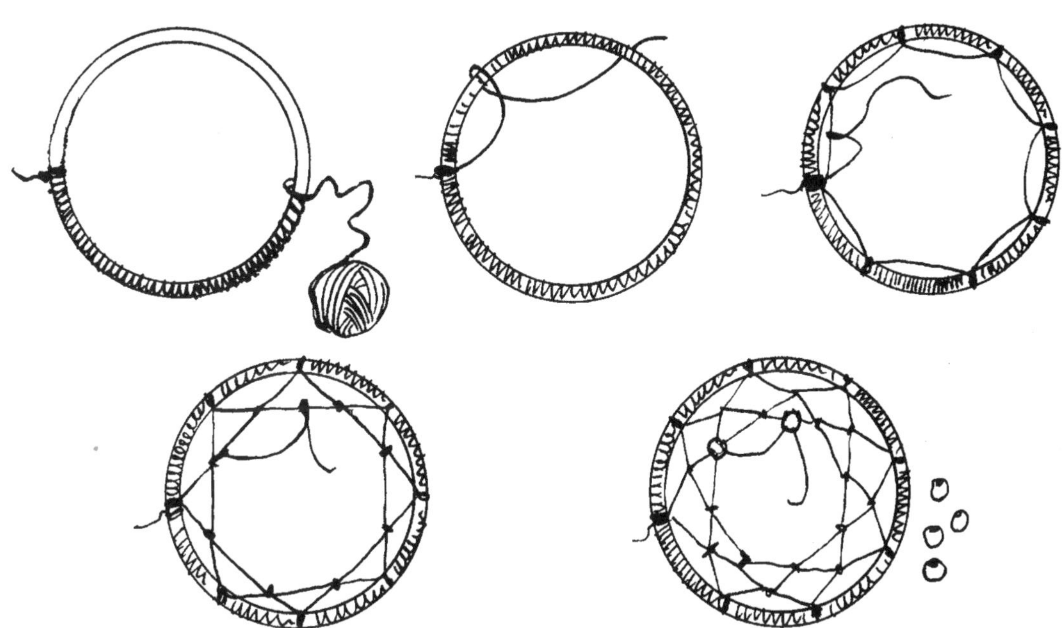

① Etwa 1/2 bis 1 Schlaufenbreite vor dem Anfang machst du die letzte Schlaufe am Reifen.

② Dann ziehst du den Faden mit der Nadel durch die erste Schlaufe durch. Das machst du so lange weiter, bis sich das Netz schließt. Den Faden musst du während der ganzen Zeit möglichst straff halten, sodass sich das Netz nicht aus Versehen verknotet. Pass aber auf, dass der Faden nicht reißt. Sollte der Faden mal reißen (oder nicht reichen), knotest du ein neues Stück an und verdeckst den Knoten dann mit einer Perle.

③ Zum Schluss, wenn das Netz geschlossen ist, muss das Fadenende fest verknotet werden.

Autorin: Petra Mallmann – Jesu Traum von einer besseren Welt 3/4 · Illustratorin: Dorina Tessmann

Name: ______________________ Datum: __________

Reise ins Traumland

Dieses Spiel ist angelehnt an das bekannte Spiel „Ich packe meinen Koffer“. Die Kinder sitzen im Kreis. Die Lehrkraft erzählt von einer Reise ins Traumland, für die ein Koffer gepackt werden muss.

Lehrkraft:

„Ich möchte mit euch in ein ganz besonderes Land reisen, das Traumland ‚Paradieso‘. In diesem Land wachsen Karamellbonbons an den Bäumen und wenn es regnet, dann fließt Honig vom Himmel. Die Wolken bestehen aus Zuckerwatte und auf den saftig grünen Wiesen wachsen statt Blumen unendlich viele Lutscher. Alle Kinder wollen in dieses Traumland, aber bevor man dorthin reisen kann, muss zuerst ein Koffer gepackt werden.“

Die Kinder stellen sich zunächst vor, was sie mitnehmen möchten und was sie dementsprechend in den Koffer packen. Dann beginnt das erste Kind: „Ich packe meinen Koffer und ich nehme einen Löffel mit.“

Das nächste Kind wiederholt diesen Satz und ergänzt ihn durch einen weiteren eigenen Gegenstand.

Am Ende des Spiels können die Kinder erzählen, warum sie gerade diesen Gegenstand einpacken wollten.

Autorin: Petra Mallmann – Jesu Traum von einer besseren Welt 3/4

Eine Phantasiereise:

Auf den Schwingen eines Adlers

Lehrkraft:

Setze dich gemütlich auf deinen Stuhl, stelle die Beine nebeneinander, lege deine Hände in den Schoß und schließe deine Augen. Achte auf deinen Atem, nimm das Atmen bewusst wahr: ein – aus – ein – aus. Lege deine Hände auf den Bauch und spüre, wie sich deine Bauchdecke hebt und senkt. Du bist ganz ruhig, nimm dir Zeit, du bist ganz bei dir. In dir ist es warm und wohlig.

Ganz langsam erhebst du dich in Gedanken von deinem Stuhl, verlässt den Klassenraum und gehst nach draußen. Dort spürst du die Sonne und den angenehmen Wind auf deiner Haut. Du gehst weiter, verlässt den Schulhof und spazierst über Wiesen und Felder. Beim Gehen wirst du plötzlich von einem großen Adler aufgenommen und auf seinen Flügeln in den Himmel getragen. Du schwebst über Häuser, Gärten und Wälder. Alles erscheint dir klein. Die Sonne wärmt deinen Körper, du spürst den leichten Wind, der deine Haut sanft berührt. Du hörst das Rauschen der Bäume, die sich im Wind bewegen. Jeder Baum schwingt etwas anders. Einzelne Blätter fallen von den Bäumen und schweben langsam zu Boden. Die Blumen scheinen im Wind zu tanzen. Lange beobachtest du ein Eichhörnchen, das von Baum zu Baum springt. Es sprüht vor Lebensfreude. Ein kleiner Igel kriecht ganz langsam. Er scheint alle Zeit der Welt zu haben, niemand hetzt ihn. Du fliegst über einen See, auf dem Boote liegen. Die Menschen darin lachen, sie freuen sich, manche baden. Wie schön das Leben ist, denkst du. Du genießt das ruhige Schweben, den Blick von oben, das herrliche Wetter, das Leben und die Natur unter dir. Atme ruhig weiter – ein – aus – ein – aus.

Der Adler landet am Ufer des Sees. Hier ist es ganz ruhig. Nur das Rauschen des Windes und das Plätschern des Wassers sind hörbar. Du legst dich ans Ufer und schaust in den Himmel. Er ist strahlend blau. Atme ruhig weiter und lausche den Geräuschen der Natur. Du genießt, wie der Wind sanft deine Arme streichelt, du kannst die Wärme der Sonne auf deinem ganzen Körper spüren. Nimm diesen Moment bewusst wahr und halte ihn fest. Du fühlst dich wohl und geborgen.
Nun ist es Zeit, zurückzukehren. Der Adler nimmt dich wieder auf seine Flügel und fliegt mit dir zurück. Du siehst noch einmal den See mit den Booten und Menschen, die Wälder, die Tiere und Häuser. Diesen Moment des Schwebens genießt du bewusst, du bist glücklich und fühlst dich ganz sicher und geborgen. Bald erreichst du wieder den Schulhof. Dort landet der Adler und lässt dich absteigen. Du gehst zurück in den Klassenraum. Dort setzt du dich wieder auf deinen Stuhl. Komme langsam an und bleibe noch einen Moment mit geschlossenen Augen sitzen. Dann öffne deine Augen und schau dich um. Strecke deine Arme und Beine und erzähle von deinen Gefühlen und Gedanken während deiner Reise auf den Flügeln des Adlers.

Autorin: Petra Mallmann – Jesu Traum von einer besseren Welt 3/4

Wir träumen uns ins Land Phantasia

Bei dieser Übung geht es darum, Geräusche zu machen, die zu den Beschreibungen des Landes Phantasia passen. Die Kinder sitzen im Kreis und jedes Kind hat als Instrumente seine Hände und Füße zur Verfügung, vielleicht noch eine Trommel, Klangstäbe, Glockenspiel o. Ä.

Die Lehrkraft „entführt" die Kinder ins Land Phantasia mit unten stehendem Text. Dabei wird bei jeder Pause ein passendes Geräusch gemacht. Einer fängt damit an, das kann die Lehrkraft oder ein Kind sein, und dann ahmt einer nach dem anderen dieses Geräusch nach, bis alle Kinder im Kreis daran beteiligt sind. Schließlich stoppen alle auf ein Zeichen hin und die Lehrkraft liest den Text weiter bis zu nächsten Pause.

Lehrkraft: „Ich möchte euch einladen, mit mir ins Land Phantasia zu gehen."

(Pause; Schritt-Geräusche)

Lehrkraft: „Das Land Phantasia ist eine Insel, umgeben von weitem Meer. Nur selten verirrt sich ein Mensch hierher. Auf dieser Insel gibt es viele wilde Tiere."

(Pause; Geräusch für wilde Tiere)

Lehrkraft: „Weil dieses Land schon sehr alt ist, sind auch die Pflanzen, die hier stehen, schon sehr alt und dementsprechend riesengroß. Die Bäume ragen bis in den Himmel und manchmal, wenn kein Wind weht, flüstern sie der Sonne zu: ‚Wärme uns mit deinen Strahlen!'"

(Pause; Geräusch für das Flüstern)

Lehrkraft: „Im Sommer wird es sehr heiß in Phantasia und dann freuen sich die Tiere über die hohen Bäume, die ihnen Schatten spenden. Ihre Blätter bewegen sich im Wind hin und her und ein herrliches Rauschen ist dabei zu hören."

(Pause; Geräusch für das Rauschen der Blätter)

Lehrkraft: „Im Winter wird es ganz still in Phantasia. Der Schnee bedeckt die Erde. Viele Tiere bleiben in ihren Höhlen. Nur manchmal hört man ein einzelnes durch den Schnee stapfen."

(Pause; Geräusch des knirschenden Schnees)

Lehrkraft: „Nun möchte ich mit euch wieder zurück zu unserer Schule gehen. Wir verabschieden uns vom Land Phantasia, sagen tschüss und machen uns auf den Rückweg."

(Pause; Schrittgeräusche)

Wir malen das Wetter auf den Rücken unseres Tischnachbarn

Für diese Übung müssen sich die beiden Tischnachbarn so setzen, dass ein Kind mit den Fingern auf dem Rücken des anderen „schreiben“ kann. Ganz wichtig ist der Hinweis, dass es darum geht, dem anderen Kind gut zu tun, und dass bei Wettererscheinungen wie Donner keinesfalls so fest geschlagen werden darf, dass man dem anderen weh tut.

Die Lehrkraft liest nun folgenden Text vor, die Kinder „malen“ das entsprechende Wetterbild mit den Fingern auf den Rücken ihres Tischnachbarn:

Es ist ein schöner Sommertag, die Sonne lacht vom Himmel.
Sonne mit Strahlen auf den Rücken „malen“

Eine leichte Brise Wind ist zu spüren.
Mit der flachen Hand über den Rücken streichen

Doch plötzlich kommen Wolken auf.
Wolken auf den Rücken „malen“

Es beginnt ganz leicht zu regnen.
Mit den Fingerkuppen leicht auf den Rücken trommeln

Der Regen wird stärker.
Mit den Fingerkuppen stärker auf den Rücken trommeln

Da beginnt es sogar zu blitzen.
Mit dem Finger einen Blitz auf den Rücken „malen“

Und ein Donner kommt gleich hinterher.
Mit der flachen Hand leicht auf den Rücken schlagen

Doch da verziehen sich die Wolken wieder und auch der Wind wird schwächer.
Mit der flachen Hand über den Rücken streichen

Und schließlich kommt auch die Sonne wieder heraus.
Sonne mit Strahlen auf den Rücken „malen“

Autorin: Petra Mallmann – Jesu Traum von einer besseren Welt 3/4

Phantasiereisen und Tagträume

Die Kinder setzen sich entspannt auf ihre Stühle, sie stellen die Füße fest auf den Boden und werden ganz ruhig. Eine leise Entspannungsmusik unterstützt die Phantasiereise.

Die Lehrkraft bittet nun die Kinder, die Augen zu schließen, und lässt die Stille einen Moment lang wirken.

Lehrkraft: „Es ist Sommer, du liegst auf einer Wiese. Du spürst die Sonne, wie sie dich wärmt. Du genießt diesen Augenblick. Viele Gedanken kommen und gehen. Du beginnst zu träumen, nicht so, wie du es nachts tust. Es ist ein Tagtraum. Du kannst selbst bestimmen, was in deinem Traum passiert. Lass diesen Traum kommen, gehe ihm nach. Was siehst du? Was passiert?
(lange Pause).
Nun verlasse den Traum wieder und komme zurück. Wohin hat dich dein Tagtraum geführt? Was hast du gesehen oder erlebt?"

Jedes Kind berichtet von seinem Tagtraum.

Folgende Fragen können im Anschluss in Partnerarbeit diskutiert werden:

- *Was sind Tagträume? Wodurch unterscheiden sie sich von Nachtträumen?*
- *Könnte man sagen, dass Tagträume das Gleiche sind wie Wünsche?*
- *Brauchen wir Tagträume oder stören sie uns eher?*

Angelehnt an: Kerstin Michalik/Helmut Schreier (2013): Wie wäre es, einen Frosch zu küssen? Westermann: Braunschweig, S. 185.

Name: ______________________ Datum: __________

Zum Weiterdenken: Die Geschichte vom Schmetterlingstraum

In China lebte vor 2300 Jahren ein Mann mit Namen Dschuang-dse. Er war ein Philosoph. Er sagte, die Wirklichkeit ist ein Traum, und Träume sind auch Wirklichkeiten.
Eines Nachts träumte Dschuang-dse, dass er ein Schmetterling sei. Er flatterte unter Blüten umher und freute sich seines Schmetterlingslebens. Er wusste nicht, dass er Dschuang-dse war. Plötzlich wachte er auf und war wieder Dschuang-dse. Aber nun stellte er folgende Frage: War es Dschuang-dse, der träumte, ein Schmetterling zu sein, oder war es der Schmetterling, der träumte Dschuang-dse zu sein?

Aus: Michalik/Schreier: Wie wäre es, einen Frosch zu küssen? Braunschweig 2013, S. 187.

Lehrkraft: „Manchmal ist es gar nicht so einfach, zwischen Traum und Wirklichkeit zu unterscheiden. Es gibt Träume, die fühlen sich wie die Wirklichkeit an, und umgekehrt hat man auch in der Wirklichkeit manchmal das Gefühl, als ob man träumt. Habt ihr so etwas auch schon einmal erlebt. Erzählt davon."

Die Lehrkraft legt Karten mit folgenden Texten auf den Boden:

„Die Wachen haben eine gemeinsame Welt, im Schlaf wendet sich jeder seiner eigenen Welt zu."
(HERAKLIT)

„Nimm dir Zeit zum Träumen, das ist der Weg zu den Sternen."
(AUS IRLAND)

„Träume sind die Flügel des Herzens."
(UNBEKANNT)

„Träume sind die Sprache der Seele."
(UNBEKANNT)

„Träume sind Schäume."
(Sprichwort)

Jedes Kind sucht sich nun ein Kärtchen aus, das es besonders anspricht. Dann erklärt es der Klasse, was der Text bedeutet und was ihm daran gefällt.

Autorin: Petra Mallmann – Jesu Traum von einer besseren Welt 3/4

Literatur

Allgemeine Literatur zum Philosophieren und Theologisieren mit Kindern

- Brüning, Barbara (2013): Philosophieren in der Grundschule. Cornelsen: Berlin.
- Brüning, Barbara (2015): Philosophieren mit Kindern. LIT: Berlin.
- Michalik, Kerstin/Schreier, Helmut (2013): Wie wäre es, einen Frosch zu küssen? Philosophieren mit Kindern im Grundschulunterricht. Westermann: Braunschweig.
- Oberthür, Rainer (2006): Die Seele ist eine Sonne. Kösel: München.
- Schirneck, Hubert/Graupner: Sylvia (2003): „Was ist ein Traum?", fragte Jonas. Jungbrunnen: Wien.

Fachdidaktische und sachbezogene Bücher zur Thematik dieses Heftes

- Baudler, Georg (1988): Jesus im Spiegel seiner Gleichnisse. Calwer: Stuttgart.
- Grossbongardt, Annette/Pieper, Dietmar (Hrsg.) (2012): Jesus von Nazareth und die Anfänge des Christentums. DVA: München.
- Halbfas, Hubertus (2010): Die Bibel, erschlossen und kommentiert von Hubertus Halbfas. Patmos: München.
- Halbfas, Hubertus (2010): Religionsbuch. Schülerbände für das 1.–4. Schuljahr. Patmos: München (und entsprechende Arbeitshefte).
- Halbfas, Hubertus (2013): Die Bibel. Für kluge Kinder und ihre Eltern. Patmos: München.
- Hilger, Georg/Ritter, Werner H. (2006): Religionsdidaktik Grundschule. Kösel: München.
- Lachmann Rainer/Adam, Gottfried/Reents, Christine (Hrsg.) (2016): Elementare Bibeltexte. Vandenhoeck & Ruprecht: Göttingen.
- Zimmermann, Ruben (Hrsg:) (2007): Kompendium der Gleichnisse Jesu. Gütersloher Verlagshaus: Gütersloh.

Internetlink für Religionslehrer

- www.rpi-virtuell.net (überkonfessionelle religionspädagogische Plattform)